逐条解説 シリーズ

逐条解説
平成28年改正
独占禁止法
確約手続の導入

内閣府規制改革推進室参事官
（元公取委経済取引局総務課企画室長）
小室尚彦
公取委審査局第四審査長
（前審査局管理企画課企画室長）
中里 浩
編著

商事法務

●はしがき

本書は、独占禁止法に新たに導入された確約手続について、法案及び規則の制定並びに対応方針の策定作業に携わった担当者が、詳細な解説を行ったものである。

独占禁止法における審査手続では、通常、公正取引委員会は、違反被疑行為者に対し、立入検査、供述聴取等の必要な調査を行い、違反が認められれば、違反行為を排除するために必要な措置（排除措置）や課徴金の納付を命じている。一方、競争法の違反の疑いについて、当局と事業者との合意により事件を解決する手続は、諸外国では以前から導入されており、この手続は、競争上の問題の早期是正、競争当局と事業者が協調的に事件処理を行う領域の拡大に資するものであり、競争法の効果的・効率的な事件処理に役立つ効果があることが明らかとなっていた。また、内閣府特命担当大臣主宰の「独占禁止法審査手続についての懇談会」の報告書（平成26年12月24日公表）においても、確約手続について、競争上の懸念を効率的かつ効果的に解消することが可能となる仕組みであることから、このような仕組みの導入についても検討を進めていくことが適当とされていた。

このような状況の中で、平成28年2月4日に我が国を含む12か国により署名されたTPP協定（環太平洋パートナーシップ協定）には、違反の疑いについて、競争当局と事業者との間の合意により自主的に解決する権限を与える旨の規定（第16.2条5前段）が含まれていたことから、これを契機として、確約手続の独占禁止法への導入について本格的に検討することとなった。その検討の結果、TPP協定の規定を担保するため、独占禁止法を改正し、独占禁止法の違反の疑いについて公正取引委員会と事業者との「合意により自主的に解決する」制度である確約手続を導入することとなった。

確約手続の導入を内容とする独占禁止法の一部改正を含むTPP協定整備法（環太平洋パートナーシップ協定の締結に伴う関係法律の整備に関する法律）は、平成28年12月9日に成立し、同月16日に公布されたものの、平成29年1月に米国がTPP協定からの離脱を宣言したため、TPP協定の発効、つまり、同法の施行が見通せない状況となった。そこで、我が国が主導的役割を果たし米国を除く11か国によるTPP11協定（環太平洋パートナーシップに関する包括的及び先進的な協定）が締結されるとともに、TPP協定整備法の改正法（同改正法により、TPP協定整備法は「環太平洋パートナーシップ協定の締結及び環太平洋パートナーシップに関する包括的及び先進的な協定の締結に伴う関係法律の整備に関する法律」と改題）が成立・施行され、平成30年12月30日のTPP11協定の発効によってTPP協定整備法が施行され、確約手続が実施に移されることとなった。

以上のとおり、確約手続は、TPP協定を直接の契機として導入されることとなったものであり、TPP協定の策定と歩調を合わせる必要があったが、行政機関と事業者との合意により行政手続において事件を解決する仕組みは、我が国において例がなく、法制的にも実務的にも検討しなければならない事項が数多くあった。そのような課題を乗り越えて、法案、規則、対応方針が策定され、今般、確約手続は導入される運びとなった。

確約手続については、手続の全体を通じて公正取引委員会と事業者とがコミュニケーションを取りながら手続を進めていくことが想定されるため、前述のとおり、公正取引委員会と事業者が協調的に事件処理を行う領域が拡大し（その意味では、事業者に助言を与える代理人の役割も極めて重要である）、競争上の問題の早期是正が図られ、独占禁止法の効果的・効率的な執行に資するといったメリットがある。事業者にとっては、自主的に当該行為を排除するために必要な措置を実施することにより、独占禁止法違反であると認定される前に問題解決が図られることから、公正取引委員会の調査に対応するコストを節約できるというメリットもある。被害者にとっては、確約手続によって、例えば、排除措置命令等を行うよりも早期に競争上の問題が是正され、事件が終結することとなる結果、被害の程度や新たな被害者が現れるといった被害の範囲が拡大することを防ぐことに資するとも考えられる。また、確約手続と同様の制度は、多くの競争当局が既に導入しており、我が国においてもこの制度を導入することは、競争政策・競争法の執行の国際的なハーモナイゼーションの観点からも望ましいものと考えられる。

近年の独占禁止法の執行体系には、平成17年改正において、課徴金算定率の引上げ、購入カルテル及び支配型私的独占に対する課徴金制度の導入、繰り返し違反行為を行った場合の課徴金算定率の割増し、課徴金減免制度の導入、犯則調査権限の導入等が、また、平成21年改正において、排除型私的独占及び一定の不公正な取引方法に対する課徴金制度の導入、主導的役割を果たした事業者に対する課徴金の割増し、不当な取引制限等の罪に対する刑事罰の引上げ等が行われてきており、抑止力の向上、執行力の向上に重点が置かれていたものと考えられる。他方、今般の確約手続の導入は、公正取引委員会と事業者が協調的に事件処理を行う領域を拡大し、独占禁止法の効果的・効率的な執行を図るという新たな方向性を示したものと言えよう。

本書の執筆に当たっては、法律の改正内容については、編著者である小室尚彦元経済取引局企画室長を中心に、朝倉真一、戸塚亮太、多賀根健の3君が、規則、対応方針の策定等の内容については、編著者である中里浩前審査局企画室長を中心に、鈴木健太、牟田和弥、川崎豊、大泉玄之助の4君が、分担している。また、直接、本書の執筆には携わっていないものの、TPP協定整備法については、当時、経済取引局企画室に在籍していた片岡克俊、藤井繁、小倉慎平、伊東通世、風間昭一郎が、TPP協定整備法の改正法については、向井康二官房参事官、松本博明経済取引局企画室長、萩原泰斗、山本真弘、年縄由里香、田中理子が、規則、対応方針の策定等については、当時、審査局企画室に在籍していた中島菜子、橋本達裕、馬渕弘亘、前田健登、そして現在の天田弘人審査局企画室長、審査局企画室の肥田野亮、澤田明花の貢献があったことをここに記しておきたい。その執筆内容については、執筆者の個人の責任によるものであることをあらかじめお断りしておく。

確約手続がそのメリットを最大限に発揮するためには、代理人を含めた事業者側と公正取引委員会側が、競争状態の回復のために、いわば同じ方向を向いて競争上の問題を迅速かつ適切に解決するという姿勢を持つことが重要と考えられる。その意味で、確約手続が有効に機能するか否かは、今後の運用にかかってくるものと考えられる。本書が、企業法務関係者、法曹関係者等に確約手続の趣旨・内容等を理解していただくための一助となり、確約手続の適切・的確な運用に貢献し、公正かつ自由な競争の促進という独占禁止法の目的に寄与することを願っている。

平成31年3月

公正取引委員会事務総長　山田 昭典

逐条解説　平成 28 年改正独占禁止法――確約手続の導入

もくじ

第3部　資　　料

●筆者一覧（＊は編者も兼ねる。所属は平成31年3月末日現在）

小室 尚彦（こむろ・なおひこ）＊
内閣府規制改革推進室
参事官
（元・経済取引局総務課企画室長）

朝倉 真一（あさくら・しんいち）
公正取引委員会事務総局
経済取引局取引部企業取引課課長補佐（総括）
（元・経済取引局総務課企画室室長補佐）

戸塚 亮太（とつか・りょうた）
公正取引委員会事務総局
経済取引局取引部取引企画課課長補佐（企画調査）
（元・経済取引局総務課企画室総括係長）

多賀根 健（たがね・たけし）
公正取引委員会事務総局
経済取引局総務課企画室室長補佐
（元・経済取引局総務課企画室総括係長）

中里 浩（なかざと・ひろし）＊
公正取引委員会事務総局
審査局第四審査長
（前・審査局管理企画課企画室長）

鈴木 健太（すずき・けんた）
公正取引委員会事務総局
経済取引局企業結合課課長補佐（総括）

牟田 和弥（むた・かずや）
消費者庁消費者制度課課長補佐
（前・公正取引委員会事務総局審査局管理企画課企画室審査専門官（主査））

川崎 豊（かわさき・ゆたか）
経済協力開発機構日本政府代表部
二等書記官
（前・公正取引委員会事務総局審査局管理企画課企画室審査専門官（主査））

大泉 玄之助（おおいずみ・げんのすけ）
公正取引委員会事務総局
審査局管理企画課企画室室長補佐
（企画調整）

第1部

総　論

1　改正法成立までの経緯等

これまでの独占禁止法における審査手続では、公正取引委員会は、独占禁止法違反の有無を明らかにし、違反行為を排除するために必要な措置等を命じるため、違反被疑行為者に対し、立入検査、供述聴取等の必要な調査を行い、違反が認められれば、意見聴取手続を行った上で、排除措置命令や課徴金納付命令を行っている。

一方、競争法の違反の疑いについて、当局と事業者との合意により事件を解決する制度は、EC（欧州委員会）において、いわゆる確約手続（commitment procedure）として2004年（平成16年）に導入されたところ、公正取引委員会では、その運用状況について注視してきた。その結果、確約手続は、競争上の問題の早期是正や、公正取引委員会と事業者が協調的に事件処理を行う領域の拡大に資するものであり、独占禁止法の効果的・効率的な事件処理に役立つ効果があることが明らかとなった。

また、内閣府特命担当大臣主宰の「独占禁止法審査手続についての懇談会」において平成26年12月に取りまとめられた報告書においても、確約手続について、「いわゆるEUの和解手続・確約手続のような仕組みについては、（中略）競争上の懸念を効率的かつ効果的に解消することが可能となる仕組みであることから、このような仕組みの導入についても検討を進めていくことが適当であるとの結論に至った。」（同報告書「5. 今後の検討に向けて」）とされた（資料2-3及び資料2-4参照）。

このような状況の中で、平成28年2月4日に我が国を含む12か国[注1]により署名された環太平洋パートナーシップ（Trans-Pacific Partnership（TPP））協定には「各締約国は、自国の国の競争当局に対し、違反の疑いについて、当該国の競争当局とその執行の活動の対象となる者との間の合意により自主的に解決する権限を与える。」とする規定（第16.2条5）が含まれていたことから、これを契機として、確約手続の導入について本格的に検討することとなった（TPP協定第16章（競争政策章）の内容は資料2-1参照）。その検討の結果、同規定は、独占禁止法上担保されていなかったことから、同規定を担保するため、独占禁止法を改正し、独占禁止法の違反の疑いについて公正取引委員会と事業者との「合意により自主的に解決する」

制度を導入することとなった。

TPP 協定の締結に当たっては、協定の国会承認だけでなく、国内実施法の成立が必要であるところ、TPP 協定の締結に伴い、同協定を的確に実施するため、関連する国内法の規定の整備を総合的・一体的に行うこととされたことから、確約手続の導入を内容とする独占禁止法の改正を含む 11 本の国内法の一部改正を一括法とし、平成 28 年 3 月 8 日、「環太平洋パートナーシップ協定の締結に伴う関係法律の整備に関する法律案」が、第 190 回通常国会に提出された。同法案は同国会において衆議院での審議が行われた後、同国会及び第 191 回臨時国会において閉会中審査とされた。その後、同法案は第 192 回臨時国会において審議が行われ、同年 12 月 9 日に成立し、同月 16 日に公布された（環太平洋パートナーシップ協定の締結に伴う関係法律の整備に関する法律（平成 28 年法律第 108 号。以下「TPP 協定整備法」という。）。なお、独占禁止法の一部改正については、同法本則第 1 条に改正規定が置かれている。）。

その後、米国が TPP 協定からの離脱を表明したことを受けて、平成 30 年 3 月 8 日に、米国を除く 11 か国により環太平洋パートナーシップに関する包括的及び先進的な協定（以下「TPP11 協定」という。）が署名された（TPP11 協定第 1 条 1 において、TPP 協定の規定については、一部の規定を除き、TPP11 協定に組み込まれ、TPP11 協定の一部を成す旨が定められている。）。TPP11 協定の締結に伴い、TPP 協定整備法について、題名の改正や施行期日の改正等の所要の改正を行うため、「環太平洋パートナーシップ協定の締結に伴う関係法律の整備に関する法律の一部を改正する法律案」が同月 27 日に第 196 回通常国会へ提出され、同年 6 月 29 日に成立し（平成 30 年法律第 70 号）、一部の規定を除き、公布の日（同年 7 月 6 日）から施行された。これにより、TPP 協定整備法の題名は、「環太平洋パートナーシップ協定の締結及び環太平洋パートナーシップに関する包括的及び先進的な協定の締結に伴う関係法律の整備に関する法律」に改められ、施行期日は、TPP 協定が日本国について効力を生ずる日から TPP11 協定が日本国について効力を生ずる日（加盟国のうち、少なくとも 6 か国がそれぞれの国内法上の手続を完了した旨を寄託者（ニュージーランド）に通報した日の後 60 日）に改められた。

この後、平成30年10月31日までに、メキシコ、日本、シンガポール、ニュージーランド、カナダ及びオーストラリアの6か国が国内手続を完了し、その旨をニュージーランドに通報したことから、TPP11協定が同年12月30日に発効することとなり、TPP協定整備法も同日から施行されることとなった。

（注1）豪州、ブルネイ・ダルサラーム国、カナダ、チリ、日本、マレーシア、メキシコ、ニュージーランド、ペルー、シンガポール、米国、ベトナム。

2　改正法の概要（注2）

⑴　通知（法第48条の2及び第48条の6）

公正取引委員会は、違反被疑事件に係る調査を開始して以降、独占禁止法に違反する事実があると思料する場合に、その疑いの理由となった行為について、公正かつ自由な競争の促進を図る上で必要があると認めるときは、当該行為をしている者に対し、当該行為の概要及び違反する疑いのある法令の条項を書面により通知することができる。また、当該行為が既になくなっている場合においても、公正取引委員会は、公正かつ自由な競争の促進を図る上で特に必要があると認めるときは、当該行為をした者等に対し、当該行為の概要及び違反する疑いのあった法令の条項を書面により通知することができる。

⑵　申請（法第48条の3第1項及び第2項並びに第48条の7第1項及び第2項）

前記⑴の通知を受けた者は、疑いの理由となった行為を排除するために必要な措置（以下「排除措置」という。）又は疑いの理由となった行為が排除されたことを確保するために必要な措置（以下「排除確保措置」という。）（以下「確約措置」と総称する。）を自ら策定し、実施しようとするときは、その実施しようとする排除措置に関する計画（以下「排除措置計画」という。）又は排除確保措置に関する計画（以下「排除確保措置計画」という。）（以下「確約計画」と総称する。）を作成し、これを当該通知の日から60日以内に公正取引委員会に提出して、その認定を申請することができる。

(3)　認定、却下及び変更（法第48条の3第3項から第9項まで及び第48条の7第3項から第8項まで）

公正取引委員会は、前記(2)の申請があった場合において、当該確約措置が、疑いの理由となった行為を排除する又は疑いの理由となった行為が排除されたことを確保するために十分なものであり、かつ、確実に実施されると見込まれるものであると認めるときは、その認定をする。また、公正取引委員会は、当該確約計画が前記の要件のいずれかに適合しないと認めるときは、決定でこれを却下しなければならない。

なお、認定を受けた者は、当該認定に係る確約計画を変更しようとするときは、公正取引委員会の認定を受けなければならない。

(4)　認定の効果（法第48条の4及び第48条の8）

前記(3)の認定をした場合において、当該認定に係る疑いの理由となった行為及び確約措置に係る行為については、排除措置命令及び課徴金納付命令をしない。

(5)　認定の取消し（法第48条の5第1項及び第48条の9第1項）

公正取引委員会は、確約計画に従って確約措置が実施されていないと認めるとき又は認定を受けた者が虚偽若しくは不正の事実に基づいて当該認定を受けたことが判明したときは、認定を取り消さなければならない。

（注2）　図1 参照。諸外国の「合意により事件を解決する制度」については、資料2-2 を参照。公正取引委員会職員による確約手続制度の全般的解説については、本書のほか、小室尚彦「『環太平洋パートナーシップ協定の締結に伴う関係法律の整備に関する法律』による独占禁止法改正（確約手続の導入）の概要等について」公正取引798号（2017年4月号）2頁、朝倉真一「独占禁止法の平成28年改正の解説」NBL1095号（2017年4月1日号）4頁、天田弘人＝大泉玄之助「独占禁止法における確約手続の概要」公正取引818号（2018年12月号）3頁を参照。

図1　確約手続の概要

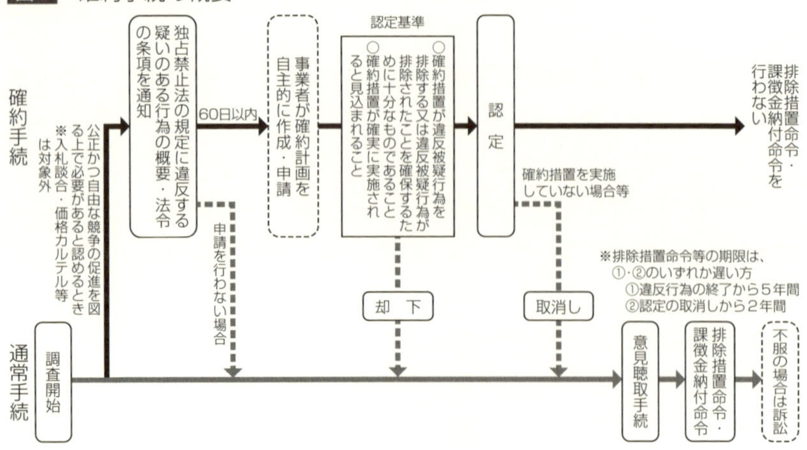

3　確約手続規則について

(1)　確約手続規則制定の経緯

公正取引委員会は、平成28年12月9日にTPP協定整備法が成立したことを踏まえ、同年12月12日、「公正取引委員会の確約手続に関する規則」(案)を公表し、関係各方面からの意見募集(いわゆるパブリックコメント)手続を行った。

この過程において、「公正取引委員会の確約手続に関する規則」(案)について8名から意見が提出された。公正取引委員会は、提出された意見を踏まえて慎重に検討した結果、原案を維持し、平成29年1月19日、「公正取引委員会の確約手続に関する規則」(平成29年公正取引委員会規則第1号。以下「確約手続規則」という。)を制定し、公表した。

確約手続規則は、独占禁止法が事業者の作成する確約計画の申請方法(法第48条の3第1項及び第48条の7第1項)や確約計画の認定に係る手続の細則(法第48条の3第8項及び第48条の7第7項)等を公正取引委員会規則に委任していることを踏まえ、確約計画の申請書の様式等を定めているほか、代理人の位置付けや認定書・各種決定書の送達方法等、確約手続の実施において必要な事項を明定したものである。

また、確約手続規則の施行期日は、TPP協定整備法の施行期日(平成30

年12月30日）である（確約手続規則の制定当時は、TPP協定整備法の施行期日（TPP協定の発効日）とされていたが、TPP協定整備法の施行期日が改正されたことに伴い、平成30年7月18日、同法の新たな施行期日（TPP11協定の発効日）に改められている。）。

なお「公正取引委員会の審査手続に関する規則」（平成17年公正取引委員会規則第5号）において、法第45条第3項に基づく通知を行う場合の対象手続につき、確約計画の認定が行われた場合を追加する旨、改正した（同規則第29条第3項第3号）。さらに、「私的独占の禁止及び公正取引の確保に関する法律第9条から第16条までの規定による認可の申請、報告及び届出等に関する規則」（昭和28年公正取引委員会規則第1号）において、意見聴取手続に係る通知をしない旨の通知書の交付について、排除措置計画の認定が行われた場合を除く旨の改正を行っている（同規則第9条）。これら改正規則の施行期日は、確約手続規則と同一であり、TPP協定整備法の施行期日とされている。

⑵　確約手続規則の概要(注3)

確約手続規則は大まかに分けると、総則、確約手続に係る通知、確約計画に係る手続とその取消し、補則からなる。

ア　確約手続に係る通知（第7条及び第21条）

法第48条の2又は第48条の6の規定による確約手続に係る通知は、違反被疑行為者等又はその代理人に対し、違反被疑行為の概要等を記載した文書を送達して行うことを定める。

イ　確約計画の認定の申請方法（第8条及び第22条）

法第48条の3第1項及び第48条の7第1項において、「公正取引委員会規則で定めるところ」によるとされている確約計画の認定の申請方法について、様式第1号又は第3号の申請書を公正取引委員会に提出しなければならないこと、また、申請書には認定をするために必要な書類を添付しなければならないことを定める。

ウ　申請書類の記載事項の変更（第9条及び第23条）

申請後に申請書類の記載事項に変更が生じた場合には、変更内容を記載した報告書を提出することができることを定める。

エ　申請書等の提出（第10条及び第24条）

申請書等の提出は、公正取引委員会に直接持参するか郵送により行うことを定める。

オ　参考書類の追加提出（第11条及び第25条）

申請後処分があるまでの間、いつでも公正取引委員会の認定の参考となる書類を提出することができることを定める。

カ　認定書・決定書の送達（第12条、第13条、第26条及び第27条）

認定書及び却下に係る決定書の謄本は、申請者又はその代理人に送達することを定める。また、決定書には、却下の理由等を記載することを定める。

キ　認定を受けた確約計画の変更（第14条から第19条まで及び第28条から第33条まで）

法第48条の3第8項及び第48条の7第7項において、認定を受けた確約計画の変更は「公正取引委員会規則で定めるところ」により認定を受けることとされている。ここでは、認定を受けた確約計画の変更認定の申請方法について、様式第2号又は第4号の申請書を公正取引委員会に提出しなければならないことを定めるなど、上記**イ**から**カ**までと同様の規則を定める。

ク　認定の取消しに係る決定書の送達（第20条及び第34条）

認定の取消しに係る決定書の謄本は、被認定者又は代理人に送達すること、決定書には、取消しの理由等を記載することを定める。

（注3）　図2 参照。確約手続規則については資料1-3 参照。公正取引委員会職員による確約手続規則の解説については、本書のほか、中里浩「『公正取引委員会の確約手続に関する規則』の制定について」NBL1095号（2017年4月1日号）14頁参照。

図2　確約手続規則に規定する手続

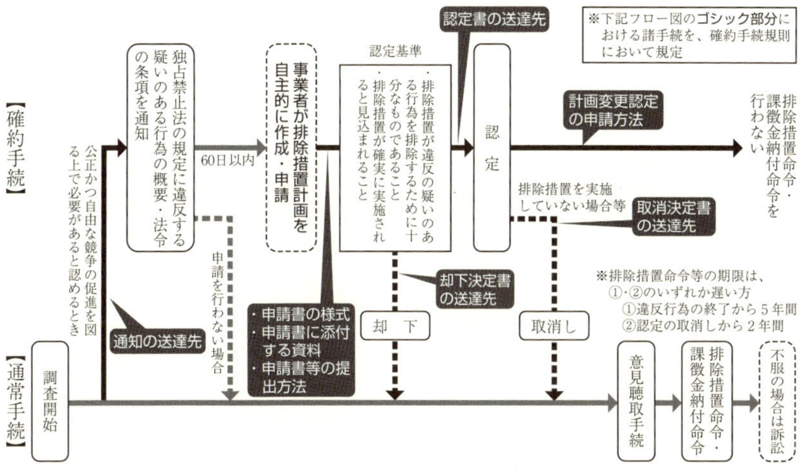

4　確約手続対応方針について

(1)　確約手続対応方針策定の経緯

確約手続規則は前述のとおり、法律委任事項や手続の実施に必要な事項を定めたものであるが、確約手続規則（案）に対する意見募集手続において、確約手続規則の規定内容とは直接には関連しないものの、確約手続に関し、通知前の事前相談、確約手続の対象となる行為、確約手続における意見募集の位置付け、公表内容等の事項について明確にするよう、各種意見が寄せられた。

公正取引委員会は、確約手続規則（案）に対する意見内容や、確約手続規則制定後の説明の機会等を通じて寄せられた意見も踏まえつつ、確約手続に関するガイドラインの準備作業を慎重に進めてきた。そしてTPP協定整備法の成立後、平成30年7月11日、確約手続に関する考え方を可能な限り明確にし、確約手続に係る法運用の透明性及び事業者の予見可能性を確保するとの観点から「確約手続に関する対応方針」（案）及び「企業結合審査の手続に関する対応方針」（平成23年6月14日公正取引委員会。以下「企業結合審査手続対応方針」という。）の一部改定（案）を公表し、これに対する意見募集を開始した。

この過程において、「確約手続に関する対応方針」（案）について20件の意見が提出された。公正取引委員会は、提出された意見を踏まえて慎重に検討した結果、確約手続の対象、履行状況の報告、意見募集及び確約計画の認定に関する公表の内容について一部を変更した上で、平成30年9月26日に「確約手続に関する対応方針」（以下「確約手続対応方針」という。）を公表した。この確約手続対応方針の適用日は、確約手続規則と同一であり、TPP協定整備法の施行期日とされている。

(2)　確約手続対応方針の概要（注4）

ア　確約手続の対象

公正取引委員会は、公正かつ自由な競争の促進を図る上で必要があると認めるとき、違反被疑行為を確約手続に付す。他方、①入札談合、価格カルテル等のハードコアカルテルに当たる違反被疑行為、②過去10年以内に法的措置を受けた違反行為と同一（繰り返し）の違反被疑行為、③刑事告発相当の悪質かつ重大な違反被疑行為については、確約手続の対象としない。

イ　確約措置とその典型例

措置内容の十分性を満たすものの例として、①違反被疑行為を取りやめること又は取りやめていることの確認、②取引先・利用者等への通知又は周知、③契約変更、④事業譲渡等及び⑤取引先等に提供させた金銭的価値の回復が、措置内容の確実性を満たすものの例として、⑥コンプライアンス体制の整備及び⑦履行状況の報告が挙げられているが、これら典型例に限られるものではなく、またこれら措置のうち単独で認定要件に適合する場合もあれば、複数の組み合わせが必要な場合もある。

ウ　その他

(ア)　意見募集

広く第三者の意見を参考にする必要があると認める場合、申請を受けた確約計画の概要について意見募集を実施する。

(イ)　公表

確約計画の認定後、計画の概要、違反被疑行為の概要その他必要な事項を公表する。

(ウ)　確約手続移行後の調査権限の行使

確約手続に係る通知後、被通知事業者に対し、立入検査、報告命令、供述聴取等の調査は原則行わない。

（注4）　確約手続対応方針については 資料1-5 参照。公正取引委員会職員による確約手続対応方針の概要の解説については、本書のほか、天田弘人＝肥田野亮＝鈴木健太「確約手続の概要――確約手続に関する対応方針を中心に」NBL1134号（2018年11月15日号）29頁を参照。

5　周知活動

公正取引委員会では、確約手続の施行までにその内容を広く周知するため、平成30年10月から11月にかけて9都市において延べ10回、確約手続に関する説明会を行った。

第 2 部

逐条解説

第1章 確約手続

第1 確約手続に係る通知

第48条の2（継続中の違反被疑行為に係る通知）

第48条の2 公正取引委員会は、第3条、第6条、第8条、第9条第1項若しくは第2項、第10条第1項、第11条第1項、第13条、第14条、第15条第1項、第15条の2第1項、第15条の3第1項、第16条第1項、第17条又は第19条の規定に違反する事実があると思料する場合において、その疑いの理由となつた行為について、公正かつ自由な競争の促進を図る上で必要があると認めるときは、当該行為をしている者に対し、次に掲げる事項を書面により通知することができる。ただし、第50条第1項（第62条第4項において読み替えて準用する場合を含む。）の規定による通知をした後は、この限りでない。

一　当該行為の概要

二　違反する疑いのある法令の条項

三　次条第1項の規定による認定の申請をすることができる旨

第48条の6（既往の違反被疑行為に係る通知）

第48条の6 公正取引委員会は、第3条、第6条、第8条又は第19条の規定に違反する疑いの理由となつた行為が既になくなつている場合においても、公正かつ自由な競争の促進を図る上で特に必要があると認めるときは、第1号に掲げる者に対し、第2号に掲げる事項を書面により通知することができる。ただし、第50条第1項（第62条第4項において読み替えて準用する場合を含む。）の規定による通知をした後は、この限りでない。

一　次に掲げる者

イ　疑いの理由となつた行為をした者

ロ　疑いの理由となつた行為をした者が法人である場合において、当該法人が合併により消滅したときにおける合併後存続し、又は合併により設立された法人

ハ　疑いの理由となつた行為をした者が法人である場合において、当該法人から分割により当該行為に係る事業の全部又は一部を承継した法人

ニ　疑いの理由となつた行為をした者から当該行為に係る事業の全部又は一部を譲り受けた者

二　次に掲げる事項

イ　疑いの理由となつた行為の概要

ロ　違反する疑いのあつた法令の条項

ハ　次条第１項の規定による認定の申請をすることができる旨

趣　旨

これらの条は、公正取引委員会が行っている違反被疑行為の調査について、通常の審査手続から確約手続に移行するために、確約手続に係る通知を行うことができる旨を規定するものである。

解　説

1　確約手続の対象行為類型

確約手続の対象となる行為類型は、全ての違反行為類型である。具体的には、私的独占又は不当な取引制限の禁止（法第 3 条）、特定の国際的協定又は契約の禁止（法第 6 条）、事業者団体の禁止行為（法第 8 条）、事業支配力が過度に集中することとなる会社の設立等の制限（法第 9 条第 1 項及び第 2 項）、会社の株式保有の制限（法第 10 条第 1 項）、銀行又は保険会社の議決権保有の制限（法第 11 条第 1 項）、役員兼任の制限（法第 13 条）、会社以外の者の株式保有の制限（法第 14 条）、合併の制限（法第 15 条第 1 項）、分割の制限（法第 15 条の 2 第 1 項）、共同株式移転の制限（法第 15 条の 3 第 1 項）、事業の譲受け等の制限（法第 16 条第 1 項）、脱法行為の禁止（法第 17 条）及び不公正な取引方法の禁止（法第 19 条）を確約手続の対象としている。

ただし、違反する疑いのある行為が既になくなっている場合（いわゆる

既往の行為の場合）については、企業結合に関する行為類型（法第9条第1項及び第2項、第10条第1項、第11条第1項、第13条、第14条、第15条第1項、第15条の2第1項、第15条の3第1項、第16条第1項並びに第17条）に係る排除措置命令の規定（法第17条の2）において、既往の行為に係る排除措置命令の規定（法第7条第2項）が準用されていないことにならい、私的独占又は不当な取引制限の禁止（法第3条）、特定の国際的協定又は契約の禁止（法第6条）、事業者団体の禁止行為（法第8条）及び不公正な取引方法の禁止（法第19条）を確約手続の対象としている。

なお、独占的状態（法第2条第7項）については、法第45条第4項において「この法律の規定に違反する事実又は独占的状態に該当する事実があると思料するときは」と規定されているとおり、「独占的状態に該当する事実」は、独占禁止法の規定に違反する場合とは法律上区別されているほか、私的独占又は不当な取引制限（法第3条）、不公正な取引方法（法第19条）等と異なり、独占禁止法上、その禁止規定が置かれていないことからも明らかなように、独占禁止法「違反」行為が観念されるものではない。このように、独占的状態については、独占禁止法違反行為とは区別されており、「違反の疑いについて、……合意により自主的に解決する」と規定されているTPP協定の競争政策章第16.2条5前段の対象に含まれるものではないことから、確約手続の対象外としている。

2　「違反する事実があると思料する場合」（法第48条の2）

「違反する事実があると思料する場合」とは、公正取引委員会による調査の対象となっている行為について、独占禁止法の規定に違反する疑いがあるものの、いまだその違反が認定されるまでに至っていない段階にある場合である。

法第48条の2の「違反する事実があると思料する場合」とは、法第45条第4項の「（この法律の規定に）違反する事実……があると思料するとき」と同様の位置付けである。すなわち、法第45条第4項の「違反する事実……があると思料するとき」とは、公正取引委員会の職権探知による事件の端緒段階において、独占禁止法の規定に違反する事実があると思料することを指すものであり、また、法第 48 条の 2 の「違反する事実があると思料する場合」についても、同様に、事件の端緒段階において、公正取引委員会が独占禁止法の規定に違反する事実があると思料することを意味するものである。

したがって、確約手続に移行することが可能となる期間は、「違反する事実があると思料する場合」に該当し、公正取引委員会が調査を開始して以降、法第 7 条第 1 項、第 8 条の 2 第 1 項、第 17 条の 2 第 1 項及び第 2 項並びに第 20 条第 1 項に規定する「違反する行為がある」ことが認定されるまでの間（法第 50 条第 1 項（法第 62 条第 4 項において読み替えて準用する場合を含む。）の規定による通知（意見聴取の通知）をするまでの間（法第 48 条の 2 ただし書））となる（意見聴取の通知をした後に確約手続に係る通知を行えないことについては、後記 7 参照）。

3 「違反する疑いの理由となつた行為が既になくなつている場合」（法第 48 条の 6）

「違反する疑いの理由となつた行為が既になくなつている場合」とは、独占禁止法の規定に違反する疑いの理由となった行為が存在したものの、その後、当該行為を取りやめるなど、法第 48 条の 6 の規定による通知をする時点では、当該行為がなくなっている場合である。

この点、排除措置命令の場合は、調査の対象となっている違反行為が既になくなっている場合においても、特に必要があると認めるときは、必要な措置を命ずることができることとされている（法第 7 条第 2 項、第 8 条の 2 第 2 項及び第 20 条第 2 項）。実務上、公正取引委員会の立入検査を契機として、調査の対象となっている違反行為を取りやめる事案が少なからず存在するため、既往の行為に対する排除措置命令が行われた事案はこれまでにも多数存在する。そこで、確約手続においても、違反する疑いのある行為がなくなっている状態を継続するだけでは足りず、当該行為を取りやめていることの周知措置等の積極的な措置に踏み込まなければ競争状態の回復が十分には図られない場合があることを踏まえ、違反する疑いの理由となった行為が既になくなっている場合についても手当てしたものである。

また、仮に違反する疑いの理由となった行為が既になくなっている場合においても確約手続を行うことを可能とすることとしなければ、例えば、立入検査を受けたにもかかわらず違反する疑いの理由となった行為を継続していた者は確約手続の対象となり、排除措置命令等が行われなくなり得るのに対し、立入検査を受けて早期に違反する疑いの理由となった行為を取りやめた者は確約手続に移行することができず、排除措置命令等を行う通常の手続しか採り得なくなることとなり、アンバランスな制度になってしまう。

そこで、「違反する疑いの理由となつた行為が既になくなつている場合」においても、確約手続を行うことができることとしている。

なお、確約手続に移行することが可能となる期間については、公正取引委員会が調査を開始して以降、法第7条第2項（法第8条の2第2項又は第20条第2項において準用する場合を含む。）に規定する「違反する行為が既になくなつている」ことが認定されるまでの間となる。

4　「公正かつ自由な競争の促進を図る上で必要があると認めるとき」（法第48条の2）、「公正かつ自由な競争の促進を図る上で特に必要があると認めるとき」（法第48条の6）

⑴　法律の趣旨

公正取引委員会が調査を行う全ての事案において確約手続を適用することは適切ではないため、公正取引委員会が確約手続の対象とすることが適当か否かの事案選択を行うこととするものである。

また、既往の行為の場合（法第48条の6）について、「公正かつ自由な競争の促進を図る上で特に必要があると認めるとき」に該当する事案とは、違反する疑いの理由となった行為が既になくなっている場合において、①確約手続の対象とすることが適当と認められる事案（法第48条の2と同旨）であり、かつ、②当該行為が長期にわたり行われている、当該行為が自発的に取りやめられたものとはいえない等の事情が認められる事案（法第7条第2項本文に規定する「特に必要があると認めるとき」と同旨）を指すものである。

⑵　確約手続対応方針の記載

法第48条の2において規定する要件である、「公正かつ自由な競争の促進を図る上で必要があると認めるとき」については、確約手続の趣旨が、競争上の問題を早期に是正し、公正取引委員会と事業者が協調的に問題解決を行う領域を拡大することであることから、個別具体的な事案に応じて、①違反被疑行為を迅速に排除する必要性、あるいは、②事業者の提案に基づいた方がより実態に即した効果的な措置となる可能性などの観点から判断することとなる。

確約手続対応方針では、迅速に違反被疑行為を排除するよりも、違反行為を認定して法的措置（排除措置命令又は課徴金納付命令）を採ることにより厳正に対処する必要があるものとして、明示的に以下の3つの場合について確約手続の対象としないことを明らかにしている（確約手続対応方針5）。

・　入札談合、受注調整、価格カルテル、数量カルテル等のように、法第3条、第6条又は第8条第1号若しくは第2号に関する違反被疑行為であって、かつ、法第7条の2第1項各号（法第8条の3において準用する場合を含む。）に掲げるものに関する違反被疑行為である場合

・　事業者が違反被疑行為に係る事件について法第47条第1項各号に掲げる処分を初めて受けた日から遡り10年以内に、違反被疑行為に係る条項の規定と同一の条項の規定に違反する行為について法的措置を受けたことがある場合（法的措置が確定している場合に限る。）

・「独占禁止法違反に対する刑事告発及び犯則事件の調査に関する公正取引委員会の方針」（平成17年10月7日公正取引委員会）に記載のとおり、一定の取引分野における競争を実質的に制限することにより国民生活に広範な影響を及ぼすと考えられる悪質かつ重大な違反被疑行為である場合

また、企業結合審査の場合については、公正取引委員会が確約手続に付すことが適当であると判断し、会社も確約手続に付すことを希望する場合などには、確約手続に係る通知を行う旨明らかにしている（企業結合審査手続対応方針5、6）。

5 「当該行為をしている者に対し」（法第48条の2）、「第1号に掲げる者に対し」（法第48条の6）

確約手続においては、事業者において独占禁止法違反被疑行為を排除するために必要な措置を検討することとなるため、原則として、違反被疑行為を行っている者が確約手続に係る通知の名宛人となる。他方、既往の違反被疑行為については、事業者が、違反被疑行為を取りやめた後に合併により消滅したり、分割又は譲渡により当該違反被疑行為に係る事業を他の事業者に承継させたりする場合がある。このため、法第7条第2項（排除措置命令の対象となる事業者）と同様に、違反被疑行為をした事業者のほか、承継事業者に対しても確約手続に係る通知を行える旨を明確に規定したものである。

6 「次に掲げる事項を書面により通知することができる。」（法第48条の2）、「第2号に掲げる事項を書面により通知することができる。」（法第48条の6）

確約手続においては、違反の疑いがある者の側から、確約計画を自主的に提出することができる仕組みとしているところ、公正取引委員会が認定できるような確約計画の提出を行い得るためには、違反の疑いがある者が、その疑いの理由となった行為の概要及び違反する疑いのある法令の条項について、あらかじめ把握しておくことが必要である。また、法第48条の2又は第48条の6の規定による通知を受けた者に対して、当該通知を受けた者が確約手続に基づき確約計画を自主的に提出することができる旨を明示的に伝達することが適切である。

そのため、公正取引委員会が確約手続の対象として適当と判断した事案については、違反の疑いがある者に対し、①疑いの理由となった行為の概要、②違反する疑いのある法令の条項、及び③法第48条の3第1項又は第48条の7第1項の規定による認定の申請をすることができる旨を通知することとしている。

7 「ただし、第 50 条第 1 項（第 62 条第 4 項において読み替えて準用する場合を含む。）の規定による通知をした後は、この限りでない」

法第 48 条の 2 ただし書及び第 48 条の 6 ただし書は、調査中の事案について、排除措置命令等をしようとするに至り、法第 50 条第 1 項（法第 62 条第 4 項において読み替えて準用する場合を含む。）の規定による通知（意見聴取の通知）をした後は、本条の規定による通知を行い、確約手続に移行することはできない旨を規定するものである。

確約手続は、法第 48 条の 2 又は第 48 条の 6 の規定による通知を受けた者が、確約計画を公正取引委員会に対して自主的に提出した上で、当該措置が法第 48 条の 3 第 3 項各号又は第 48 条の 7 第 3 項各号の認定要件に適合すると公正取引委員会が認める場合に、公正取引委員会が当該計画に対して認定を行い、当該計画を実施することを前提に、排除措置命令及び課徴金納付命令を行わないこととする手続であるところ、このような確約手続において、公正取引委員会は独占禁止法違反の認定を行わないこととなる。

他方、独占禁止法違反が認定されるに至った場合には、従来どおり、排除措置命令及び課徴金納付命令を行うことが適当であることから、法第 50 条第 1 項（法第 62 条第 4 項において読み替えて準用する場合を含む。）の規定による通知（意見聴取の通知）をした後は、確約手続に移行することはできないこととしている。

8 その他確約手続規則の規定及び確約手続対応方針の記載

(1) 文書の送達

法第 70 条の 6 では、送達すべき書類を公正取引委員会規則に定めることを委任している。当該規定に基づき、法第 48 条の 2 又は第 48 条の 6 の規定による確約手続に係る通知も送達することが公正取引委員会規則において定められている（確約手続規則第 7 条及び第 21 条）。確約手続においては、公正取引委員会によるこれらの通知を受けた者は当該通知から 60 日以内に確約計画の認定の申請をすることができると規定されていることから（法第48条の3第1項及び第48条の7第1項）、当該申請の期限を画するために送達という通常の文書の送付手続より慎重な手続としている。

また、確約手続に係る通知の名宛人のみならず、その代理人にも送達することができる旨規定されている（確約手続規則第7条及び第21条）。

(2)　相談

確約手続は、独占禁止法違反の疑いについて、公正取引委員会と事業者との間の合意により自主的に解決するためのものであることから、当該手続を迅速かつ実効的に運用するには、公正取引委員会と事業者との間で意思疎通を密に行うことが肝要であると考えられる。

そのため、事業者は、法第48条の2又は第48条の6の規定による確約手続に係る通知の前後にかかわらず、公正取引委員会に対し、確約手続の利用に係る相談を行うことは可能である旨明らかにしている（確約手続対応方針3）。より具体的には、確約手続に係る通知の前であれば、調査を受けている行為について、①確約手続の対象となるかどうかの確認を行ったり、②確約手続に付すことを希望する旨の申出を行ったりすることができることが明らかにされている。

また、確約手続に係る通知の後は、(i)公正取引委員会が必要であると認める場合又は(ii)事業者から求められた場合に、その時点における確約計画の認定に関する論点等を説明する旨明らかにされている（確約手続対応方針8(1)）。さらに、反対に、公正取引委員会が確約計画の申請を行った事業者に対して、当該申請の内容について説明を求めることがある旨併せて明らかにされている（確約手続対応方針8(1)）。

(3)　調査権限の行使及び意見聴取の通知

確約手続は、法的措置（排除措置命令又は課徴金納付命令）を採ることを目指すための手続ではなく、公正取引委員会と事業者との間の合意により自主的に解決するためのものである。そのため、確約手続に係る通知後、確約計画の認定の申請に対する処分（認定又は却下）をするまでの間、法第47条の規定に基づく調査権限の行使、任意の供述聴取といった法的措置を採る上で必要となる事実の認定をするための調査は原則として行わないことを明らかにしている（確約手続対応方針 12⑴）。しかし、例えば、①公正取引委員会が確約計画の却下事由に該当する心証を得ており、当該確約計画を申請した事業者から十分な疎明資料等の提出がされる見込みがない場合、②確約計画を申請した事業者の取引先等に対して事実関係の確認や意見聴取等を行うに当たり、当該取引先等から任意の調査に対する協力が得られない場合などには、前記の調査権限を行使することはあり得る。

また、同様に、確約手続に係る通知後、確約計画の認定の申請に対する処分（認定又は却下）をするまでの間、法第 49 条に規定する意見聴取を行うことは原則としてないため、法第 50 条第 1 項の通知（意見聴取の通知）を行うことは原則としてない旨明らかにしている（確約手続対応方針 12⑵）。

第2　確約計画（排除措置計画及び排除確保措置計画）の認定の申請

第48条の3第1項（排除措置計画に係る認定の申請）

第48条の3　前条の規定による通知を受けた者は、疑いの理由となつた行為を排除するために必要な措置を自ら策定し、実施しようとするときは、公正取引委員会規則で定めるところにより、その実施しようとする措置（以下この条から第48条の5までにおいて「排除措置」という。）に関する計画（以下この条及び第48条の5において「排除措置計画」という。）を作成し、これを当該通知の日から60日以内に公正取引委員会に提出して、その認定を申請することができる。

第48条の7第1項（排除確保措置計画に係る認定の申請）

第48条の7　前条の規定による通知を受けた者は、疑いの理由となつた行為が排除されたことを確保するために必要な措置を自ら策定し、実施しようとするときは、公正取引委員会規則で定めるところにより、その実施しようとする措置（以下この条から第48条の9までにおいて「排除確保措置」という。）に関する計画（以下この条及び第48条の9において「排除確保措置計画」という。）を作成し、これを当該通知の日から60日以内に公正取引委員会に提出して、その認定を申請することができる。

趣　旨

法第48条の3第1項は、公正取引委員会から法第48条の2の規定による通知を受けた者が、自主的な判断の結果として、排除措置計画の認定を受けることを希望する場合には、排除措置計画（疑いの理由となった行為を排除するために必要な措置に関する計画）を作成し、公正取引委員会の認定を申請することができる旨を規定するものである。

法第48条の7第1項は、排除確保措置計画（疑いの理由となった行為が排除されたことを確保するために必要な措置に関する計画）の認定の申請について同旨を規定するものである。

解　説

1 「疑いの理由となつた行為を排除するために必要な措置」（排除措置）及び「疑いの理由となつた行為が排除されたことを確保するために必要な措置」（排除確保措置）

これまでに独占禁止法違反行為に対して採られている排除措置命令では、「行為を排除するために必要な措置」（法第7条第1項及び第20条第1項）、「行為の排除に必要な措置」（法第8条の2第1項）又は「行為が排除されたことを確保するために必要な措置」（法第7条第2項、第8条の2第2項及び第20条第2項）として、違反行為の差止め、競争制限的な契約条項の削除・見直しや、取引方法の改善、法令遵守体制の整備、今後同様の行為を行わないことを取締役会で決議すること等を命じているところ、確約手続においては、これらの措置を法第48条の2又は第48条の6の規定による通知を受けた者が、自主的に策定し、公正取引委員会に提出することができることとなる。

2 「当該通知の日から60日以内に公正取引委員会に提出して、その認定を申請することができる」

(1) 法律の趣旨

公正取引委員会から法第48条の2又は第48条の6の規定による通知があった場合であっても、当該通知に応じて確約計画の提出を行うか否かは、当該通知を受けた者が自主的に判断するものである。したがって、その自主性を確保しつつ、疑いの理由となった行為を排除する内容の計画の提出を行うことができるようにするため、違反被疑行為を行っている者が公正取引委員会から疑いの理由となった行為に関する通知を受けてから確約計画の提出を行うための期間を確保することが適当である。これを踏まえ、確約計画を提出するか否か及びどのような内容の確約計画を作成するかについて検討する時間を確保するため、当該通知を受けた者は、法第48条の2又は第48条の6の規定による通知の日から60日以内に、公正取引委員会に対し、確約計画を提出して、その認定を申請することができることとしている。

⑵　確約手続規則の規定及び確約手続対応方針の記載

確約手続規則において、当該期間の計算については民法（明治29年法律第89号）の規定に従うとともに、当該期間の末日が行政機関の休日に関する法律（昭和63年法律第91号）第1条第1項各号に掲げる日に当たるときはその翌日に当該期間が満了することとされている。したがって、公正取引委員会からの法第48条の2又は第48条の6の規定による通知の日の翌日から計算される（民法第140条）こととなり、日曜・土曜、祝日又は年末年始（12月29日から1月3日まで）が当該期間の末日となるときはこれらの日を明けた日が末日となることとなる（確約手続規則第2条）。

他方、法第48条の2又は第48条の6の規定による通知の日から60日を経過しても確約計画の申請がない場合には、公正取引委員会は当該通知を行う前の調査を再開することとなり、違反認定を伴う排除措置命令等を行うことで、対象市場における競争状態の回復を図ることとなる。ただし、前記⑴のとおり、確約計画の申請を行うかどうかは、法第48条の2又は第48条の6の規定による通知を受けた者の自主的な判断によるものであることから、当該申請をしなかったことを理由として当該通知を受けた者が公正取引委員会による調査において不利益に取り扱われることはない（確約手続対応方針6⑴）。

3　「公正取引委員会規則で定めるところにより」

⑴　法律の趣旨

確約計画に係る認定の申請の様式等、申請の手続の細則について、公正取引委員会規則に規定することを委任するものである。

⑵　確約手続規則の規定

確約手続規則では、以下の事項を定めている。

ア　確約計画の申請書の様式

確約手続規則様式第1号では排除措置計画の認定申請書が、様式第3号では排除確保措置計画の認定申請書が定められており、当該様式によって提出しなければならないこととされている（確約手続規則第8条第1項及び第22条第1項）。これらの様式では、用紙の大きさを日本工業規格A4とするとともに、確約計画の記載事項の記載欄が設けられている。

また、申請書類を含めた確約手続において作成すべき文書については、年月日を記載して、署名又は記名押印しなければならないとされている（確約手続規則第5条）。

イ　添付書類

申請書には、以下の書類を添付するとともに、これらの書類が日本語で作成されていないときには、日本語の翻訳文を添付しなければならないとされている（確約手続規則第8条第2項及び第22条第2項）。

① 確約措置が措置内容の十分性を満たすものであることを示す書類
② 確約措置が措置実施の確実性を満たすものであることを示す書類
③ その他確約計画を認定するために参考となるべき事項を記載した書類

また、上記のうち③の書類は、確約計画の申請をした日から当該申請に係る公正取引委員会の処分（認定又は却下）がされるまでの間、いつでも追加提出できることとされている（確約手続規則第11条及び第25条）。

ウ　記載事項の変更

申請書又は前記**イ**の添付書類に変更がある場合には、法第48条の2又は第48条の6の規定による通知があった日から60日以内か、確約計画の認定の申請に係る処分（認定又は却下）がされるまでの間のいずれか早い日までに変更内容を記載した報告書を提出することができることとされている（確約手続規則第9条及び第23条）。

エ　提出方法

申請書及び前記**イ**の添付書類並びに前記**ウ**の報告書は、①直接持参する方法又は②書留郵便等の方法により、公正取引委員会に提出することとされている（確約手続規則第10条及び第24条）。

4　その他確約手続規則の規定及び確約手続対応方針の記載

(1)　申請の取下げ

確約計画の認定の申請に係る処分（認定又は却下）がされるまでの間、確約計画の認定の申請は、書面により取り下げることができる（確約手続規則第36条）。

なお、当該書面は、ファクシミリを利用して提出することができる（確約手続規則第35条）。

(2)　確約手続において事業者から提出された資料の取扱い

公正取引委員会が確約計画の認定申請を却下した場合若しくは確約計画の認定を取り消した場合、又は申請者が確約計画の認定申請を取り下げた場合であっても、申請書類等を返却することはせず、場合によっては、法的措置（排除措置命令又は課徴金納付命令）を採る上で必要となる事実の認定を行うための証拠として使用することがあり得ることを明らかにしている（確約手続対応方針12(3)）。

第 48 条の 3 第 2 項（排除措置計画の記載事項）

② 排除措置計画には、次に掲げる事項を記載しなければならない。
一 排除措置の内容
二 排除措置の実施期限
三 その他公正取引委員会規則で定める事項

第 48 条の 7 第 2 項（排除確保措置計画の記載事項）

② 排除確保措置計画には、次に掲げる事項を記載しなければならない。
一 排除確保措置の内容
二 排除確保措置の実施期限
三 その他公正取引委員会規則で定める事項

趣　旨

法第 48 条の 3 第 2 項は、排除措置計画の認定要件（法第 48 条の 3 第 3 項各号）を満たすか否かを判断するに当たり、最低限必要不可欠となる情報を、当該計画の必要的記載事項とするものである。

法第 48 条の 7 第 2 項は、排除確保措置計画の必要的記載事項について同旨を規定するものである。

解　説

法律上は第 1 号及び第 2 号の事項が必要的記載事項であり、第 3 号の委任を受けた公正取引委員会規則によって、第 1 号及び第 2 号が定める事項以外の事項も確約計画に係る必要的記載事項として定めることが可能である。

当該事項に係る記載がない、又は記載が不十分である場合であって、認定要件を満たさないときは、公正取引委員会はその申請を却下することとなる（法第 48 条の 3 第 6 項又は第 48 条の 7 第 5 項）。

1　第1号（排除措置及び排除確保措置の内容）

⑴　法律の趣旨

「疑いの理由となつた行為を排除するために必要な措置」（法第48条の3第1項）又は「疑いの理由となつた行為が排除されたことを確保するために必要な措置」（法第48条の7第1項）として、法第48条の2又は第48条の6の通知を受けた者が自ら策定し、実施しようとする確約措置の具体的内容を確約計画の記載事項としている。

⑵　確約手続対応方針の規定（排除措置及び排除確保措置の基本的な考え方及び典型例）

確約措置の内容は、個別的な違反被疑行為に照らして、確約計画の認定基準である措置内容の十分性及び措置実施の確実性を満たすか否かの観点から事業者が検討することとなる。

確約手続対応方針では、以下の7つの典型例を示している（確約手続対応方針6⑶イ）。ただし、確約措置がこれら7つの典型例に限られるわけではなく、また、事案によっては、1つの確約措置で認定要件を満たすこともあるが、複数の確約措置を組み合わせなければ認定要件を満たさない場合がある旨も明らかにされている。

①　違反被疑行為を取りやめること又は取りやめていることの確認等
②　取引先等への通知又は利用者等への周知
③　コンプライアンス体制の整備
④　契約変更
⑤　事業譲渡等
⑥　取引先等に提供させた金銭的価値の回復
⑦　履行状況の報告

なお、確約手続対応方針上、上記7つの典型例は認定に当たっての必要性の観点から3つに分類できる。つまり、各典型例の文末が「必要な措置の一つである」（前記①及び⑦）、「必要となる場合がある」（前記②から⑤まで）、「有益である」（前記⑥）と区別されている。

2　第 2 号（排除措置及び排除確保措置の実施期限）

第 1 号で記載事項としている具体的な確約措置について、その履行期限を設定する必要があることから、当該期限についても確約計画の記載事項としている。

例えば、確約措置の内容が、違反の疑いの理由となった行為の取りやめや、契約条項の削除・変更、事業の一部の譲渡といった措置であれば、それぞれの措置の履行期限として一定の期限を定めることとなる。また、事案によっては、一定の期間中に独占禁止法遵守についての定期的な研修を実施することを約する内容の確約措置も想定されるところであるが、このような場合には当該確約措置の実施期間を設定することになる。したがって、「排除措置の実施期限」（法第 48 条の 3 第 2 項第 2 号）及び「排除確保措置の実施期限」（法第 48 条の 7 第 2 項第 2 号）とは、措置の「実施期限」のみならず、その「実施期間」を含む趣旨である。

第3　確約計画（排除措置計画及び排除確保措置計画）の認定

第48条の3第3項（排除措置計画の認定基準）

③　公正取引委員会は、第1項の規定による認定の申請があつた場合において、その排除措置計画が次の各号のいずれにも適合すると認めるときは、その認定をするものとする。
一　排除措置が疑いの理由となつた行為を排除するために十分なものであること。
二　排除措置が確実に実施されると見込まれるものであること。

第48条の7第3項（排除確保措置計画の認定基準）

③　公正取引委員会は、第1項の規定による認定の申請があつた場合において、その排除確保措置計画が次の各号のいずれにも適合すると認めるときは、その認定をするものとする。
一　排除確保措置が疑いの理由となつた行為が排除されたことを確保するために十分なものであること。
二　排除確保措置が確実に実施されると見込まれるものであること。

趣　旨

確約手続において、法第48条の2又は第48条の6の規定による通知を受けた者から確約計画の提出を受け、その認定をすることとしている趣旨は、当該者が実施しようとする確約措置について、疑いの理由となった行為を排除する又は疑いの理由となった行為が排除されたことを確保するために十分なものであること等を担保することにある。

法第48条の3第3項は、そのような趣旨の下、第1号及び第2号の認定要件を規定し、当該認定要件を全て満たすと認められる場合に限り、排除措置計画の認定を行うこととするものである。

法第48条の7第3項は、排除確保措置計画の認定について同旨を規定するものである。

解　説

1　第 1 号（措置内容の十分性）

第 1 号は、法第 48 条の 2 又は第 48 条の 6 の規定による通知を受けた者が自主的に策定した「疑いの理由となつた行為を排除するために必要な措置」（法第 48 条の 3 第 1 項）又は「疑いの理由となつた行為が排除されたことを確保するために必要な措置」（法第 48 条の 7 第 1 項）が、当該通知によって公正取引委員会から伝達された独占禁止法の規定に違反する疑いを解消するに足りるものであることが認められた場合に、確約計画を認定するものである。

これまでに独占禁止法違反行為に対して採られている排除措置命令では、競争制限的な契約条項の削除・見直しや、取引方法の改善、法令遵守体制の整備、今後同様の行為を行わないことを取締役会で決議すること等を命じているところ、「疑いの理由となつた行為を排除するために十分なものである」又は「疑いの理由となつた行為が排除されたことを確保するために十分なものである」とは、確約計画が実施された場合、疑いの理由となった行為が十分に排除される又は疑いの理由となった行為が十分に排除されたことが確保されると認められるときであり、これまでの排除措置命令において命じているような措置が採られれば、当該行為を排除することが可能となると考えられる（確約手続対応方針の説明については、第 48 条の 3 第 2 項及び第 48 条の 7 第 2 項の解説を参照）。

2　第 2 号（措置実施の確実性）

確約措置の内容が第 1 号の認定要件を満たす場合であっても、当該確約措置が対象市場における公正かつ自由な競争の促進を図る上で必要となる期限内に行われなければ、独占禁止法違反の疑いの理由となった行為が継続し、結果として、対象市場における競争の促進が図られないこととなる。

このような事態を避けるため、第 2 号の認定要件については、確約計画に記載された確約措置の内容とその実施期限又は実施期間を照らし合わせた上で、当該実施期限内又は実施期間中に確約措置が確実に実施されることが可能であるかといった観点から検討されるものと考えられる。

3　その他確約手続対応方針の記載（意見募集等）

公正取引委員会が、申請された確約計画を認定する際に、申請者からの説明及び資料のみに基づいて認定又は却下をすることはない。当該申請者の競争事業者、取引先等から、申請された確約計画に関する事実関係の確認等を行う場合がある。

また、海外の競争当局においては、確約手続において意見募集を必ず行うこととしている場合がある。しかしながら、公正取引委員会では、広く第三者の意見を参考にする必要があると認める場合に限り意見募集を行うこととされている（確約手続対応方針7）。この場合において、第三者が公正取引委員会に意見を寄せることが可能となるよう、確約計画を申請した事業者名及び確約計画の概要を公表することとなる。ただし、寄せられた意見に対して公正取引委員会が回答することはなく、また、原則として、寄せられた意見及びそれに対する考え方を公表することはない。

第 48 条の 3 第 4 項及び第 5 項（排除措置計画の認定の手続）

④　前項の認定は、文書によつて行い、認定書には、委員長及び第 65 条第 1 項の規定による合議に出席した委員がこれに記名押印しなければならない。

⑤　第 3 項の認定は、その名宛人に認定書の謄本を送達することによつて、その効力を生ずる。

第 48 条の 7 第 4 項（排除確保措置計画の認定の手続）

④　第 48 条の 3 第 4 項及び第 5 項の規定は、前項の規定による認定について準用する。

趣　旨

法第 48 条の 3 第 4 項及び第 5 項は、同条第 1 項の規定により認定を申請した者に対して送達する排除措置計画の認定書に係る手続及びその効力の発生について規定するものである。

法第 48 条の 7 第 4 項は、排除確保措置計画の認定書に係る手続及びその効力の発生について法第 48 条の 3 第 4 項及び第 5 項の規定を準用する旨規定するものである。

解　説

1　法第 48 条の 3 第 4 項

本項は、排除措置計画の認定は認定書をもって行い、当該認定書には、当該認定に係る公正取引委員会による合議に出席した委員長及び委員の記名押印を要することを定めている。合議に出席した委員長及び委員による記名押印は、排除措置命令（法第 61 条第 1 項）及び課徴金納付命令（法第 62 条第 1 項）を行う場合においても同様であるところ、その趣旨は、これらの命令が公正取引委員会による正式な行政処分として位置付けられているためであるとされている（諏訪園貞明編著『平成 17 年改正独占禁止法』（商事法務、2005）111〜115 頁）。

排除措置計画の認定についても、独占禁止法違反の疑いの理由となった行為に対する調査を終結させる公正取引委員会による正式な行政処分である点は異なるものではないことから、排除措置命令及び課徴金納付命令と同様の手続を採る旨を規定するものである。

2　法第48条の3第5項

(1)　法律の趣旨

本項は、排除措置計画の認定が、認定書の謄本の送達によって、その効力を生ずることを定めている。排除措置命令（法第61条第2項）及び課徴金納付命令（法第62条第2項）と同様に、排除措置計画の認定は公正取引委員会による正式な行政処分であることから、その効力が発生する時期についても同様に規定したものである。

(2)　確約手続規則の規定

また、本項では、「その名宛人」、つまり排除措置計画の申請者に対し、送達することによって効力が生じる旨規定しているが、確約手続規則第12条では、名宛人のみならず、その代理人にも送達できることが規定されている（確約手続規則第26条（排除確保措置計画の場合）も同旨）。

3　その他確約手続対応方針の記載（確約計画の認定に関する公表）

確約手続に係る法運用の透明性、事業者の予見可能性を確保する観点から、確約計画の認定をした後には、公表することとされている（確約手続対応方針11）。より具体的には、事業者名、認定した確約計画の概要、当該認定に係る独占禁止法違反被疑行為の概要その他必要な事項を公表することとされている。加えて、事業者のレピュテーションリスクに配慮する観点から、独占禁止法の規定に違反することを認定したものではないことを付記することとされている。

他方、公正取引委員会は、特定の事案について独占禁止法に基づく調査を行っているか否かは明らかにしてきていないため、独占禁止法に基づく調査を行っていることを事実上明らかにすることとなる場合には、確約手続に関する公表を行うことはない。つまり、公正取引委員会が確約手続に係る通知を行った場合、確約計画の認定申請を却下した場合、確約計画の認定を取り消した場合及び申請者が確約計画の認定申請を取り下げた場合が、公表しない場合に当たる。

第4　確約計画（排除措置計画及び排除確保措置計画）の認定の申請の却下

第48条の3第6項及び第7項（排除措置計画の認定の申請の却下）

⑥　公正取引委員会は、第1項の規定による認定の申請があつた場合において、その排除措置計画が第3項各号のいずれかに適合しないと認めるときは、決定でこれを却下しなければならない。

⑦　第4項及び第5項の規定は、前項の規定による決定について準用する。この場合において、第4項及び第5項中「認定書」とあるのは、「決定書」と読み替えるものとする。

第48条の7第5項及び第6項（排除確保措置計画の認定の申請の却下）

⑤　公正取引委員会は、第1項の規定による認定の申請があつた場合において、その排除確保措置計画が第3項各号のいずれかに適合しないと認めるときは、決定でこれを却下しなければならない。

⑥　第48条の3第4項及び第5項の規定は、前項の規定による決定について準用する。この場合において、同条第4項及び第5項中「認定書」とあるのは、「決定書」と読み替えるものとする。

趣　旨

法第48条の3第6項は、同条第1項の認定の申請があった場合に、排除措置計画が同条第3項各号に規定する認定要件のいずれかに適合しないと認めるときは、公正取引委員会による決定で却下しなければならない旨を規定するものである。法第48条の3第7項では、却下に係る手続及びその効力の発生に関して、認定に係る手続及びその効力の発生に関する規定（法第48条の3条第4項及び第5項）について必要な読替えを行った上で準用することを規定している。

法第48条の7第5項及び第6項は、排除確保措置計画の認定の申請の却下について同旨を規定するものである。

解　説

1　法第 48 条の 3 第 6 項、第 48 条の 7 第 5 項（認定の申請の却下）

従来から規定されている認可制度である法第 11 条第 1 項又は第 2 項の認可（銀行業又は保険業を営む会社の議決権取得・保有の制限に係る認可）の申請の場合、当該申請を理由がないと認めるときは、公正取引委員会は「決定」で却下しなければならないとされているところ（法第 70 条の 2 第 1 項）、法第 48 条の 3 第 1 項又は第 48 条の 7 第 1 項により確約計画の認定の申請が行われた場合においても、確約計画に記載されている確約措置が、疑いの理由となった行為を排除する又は疑いの理由となった行為が排除されたことを確保するために十分なものであること等の法第 48 条の 3 第 3 項各号又は第 48 条の 7 第 3 項各号に規定する認定要件のいずれかに適合しないと認める場合には、公正取引委員会による「決定」で却下するものである。

2　法第 48 条の 3 第 7 項、第 48 条の 7 第 6 項（却下の手続）

(1)　法律の趣旨

確約計画の認定の申請の却下は決定書をもって行い、当該決定書には、当該決定に係る公正取引委員会による合議に出席した委員長及び委員の記名押印を要することとしている（法第 48 条の 3 第 4 項準用）。また、決定書の謄本が送達されることによって却下の効力を生ずることとしている（法第 48 条の 3 第 5 項準用）。

(2)　確約手続規則の規定

公正取引委員会規則では、決定書は、確約計画の認定の申請者のみならず、その代理人にも送達することができる旨規定されている（確約手続規則第 13 条第 1 項及び第 27 条第 1 項）。また、当該決定書には、①却下した旨及び②却下の理由が記載されることとされている（確約手続規則第 13 条第 2 項及び第 27 条第 2 項）。

第5　確約計画（排除措置計画及び排除確保措置計画）に係る変更の認定の申請

第48条の3第8項及び第9項（排除措置計画に係る変更の認定の申請）

⑧　第3項の認定を受けた者は、当該認定に係る排除措置計画を変更しようとするときは、公正取引委員会規則で定めるところにより、公正取引委員会の認定を受けなければならない。

⑨　第3項から第7項までの規定は、前項の規定による変更の認定について準用する。

第48条の7第7項及び第8項（排除確保措置計画に係る変更の認定の申請）

⑦　第3項の認定を受けた者は、当該認定に係る排除確保措置計画を変更しようとするときは、公正取引委員会規則で定めるところにより、公正取引委員会の認定を受けなければならない。

⑧　第3項から第6項までの規定は、前項の規定による変更の認定について準用する。

趣　旨

法第48条の3第3項の認定を受けた者は、法第48条の5第1項の規定により認定の取消しの決定がなされない限りは認定された排除措置計画を履行しなければならない。しかし、認定を受けた後に生じた事情によりやむを得ず実施期限までに排除措置を履行することができない場合や、経済事情の変化等により排除措置を実施する必要がなくなる場合等が考えられる。これらの事情を踏まえ、法第48条の3第8項及び第9項は、同条第3項の認定を受けた者が排除措置計画の変更の認定を申請する手続について規定するものである。

法第48条の7第7項及び第8項は、排除確保措置計画の変更の認定を申請する手続について同旨を規定するものである。

解　説

1　法第 48 条の 3 第 8 項、第 48 条の 7 第 7 項（変更の認定の申請）

⑴　法律の趣旨

法第 48 条の 3 第 3 項又は第 48 条の 7 第 3 項の認定を受けた者が、当該認定に係る確約計画を変更しようとするときは、改めて公正取引委員会の認定を受けなければならないこととしている。

⑵　確約手続規則の規定（認定を受けた確約計画に係る変更の認定を申請する申請書の様式等）

確約手続規則様式第 2 号では排除措置計画の変更認定申請書が、様式第 4 号では排除確保措置計画の変更認定申請書が定められており、当該様式による申請書を提出することにより行わなければならないこととされている（確約手続規則第 14 条第 1 項及び第 28 条第 1 項）。これらの様式では、用紙の大きさを日本工業規格 A4 とするとともに、変更しようとする事項について変更の前後の内容が対比できるように、変更した部分について下線を引いて記載することとされている。また、変更が必要となる理由を記載することとされている。

なお、これら以外の添付書類、記載事項の変更、提出方法等は、確約計画の申請と同様である（確約手続規則第 14 条第 2 項から第 17 条まで及び第 28 条第 2 項から第 31 条まで）（前記**第 2** 参照）。

2　法第 48 条の 3 第 9 項、第 48 条の 7 第 8 項（変更の認定の申請の手続）

法第 48 条の 3 第 8 項又は第 48 条の 7 第 7 項により確約計画に係る変更の認定の申請があった場合には、当初の確約計画の認定の申請と同様に、変更後の確約計画に記載されている確約措置が疑いの理由となった行為を排除する又は疑いの理由となった行為が排除されたことを確保するために十分なものであること等の認定要件に適合すると認められれば（法第 48 条の 3 第 3 項準用又は法第 48 条の 7 第 3 項準用）、委員長及び合議に出席した委員が記名押印した認定書により当該計画の認定を行い（法第 48 条の 3 第

4項準用又は法第48条の7第4項において準用する法第48条の3第4項準用)、変更の認定書の謄本が送達されることによって変更の認定の効力を生ずることとなる（法第48条の3第5項準用又は法第48条の7第4項において準用する法第48条の3第5項準用)。変更後の確約計画が法第48条の3第3項各号のいずれか又は法第48条の7第3項各号のいずれかの認定要件に適合しないと認められれば、決定によって変更の認定の申請が却下されることとなる（法第48条の3第6項及び第7項準用又は法第48条の7第5項及び第6項準用)。

第6　確約計画（排除措置計画及び排除確保措置計画）に係る認定の効果

第48条の4（排除措置計画に係る認定の効果）

第48条の4　第7条第1項及び第2項（第8条の2第2項及び第20条第2項において準用する場合を含む。）、第7条の2第1項（同条第2項及び第8条の3において読み替えて準用する場合を含む。）及び第4項、第8条の2第1項及び第3項、第17条の2、第20条第1項並びに第20条の2から第20条の6までの規定は、公正取引委員会が前条第3項の認定（同条第8項の規定による変更の認定を含む。次条、第65条、第68条第1項及び第76条第2項において同じ。）をした場合において、当該認定に係る疑いの理由となつた行為及び排除措置に係る行為については、適用しない。ただし、次条第1項の規定による決定があつた場合は、この限りでない。

第48条の8（排除確保措置計画に係る認定の効果）

第48条の8　第7条第1項及び第2項（第8条の2第2項及び第20条第2項において準用する場合を含む。）、第7条の2第1項（同条第2項及び第8条の3において読み替えて準用する場合を含む。）及び第4項、第8条の2第1項及び第3項、第20条第1項並びに第20条の2から第20条の6までの規定は、公正取引委員会が前条第3項の認定（同条第7項の規定による変更の認定を含む。次条、第65条、第68条第2項及び第76条第2項において同じ。）をした場合において、当該認定に係る疑いの理由となつた行為及び排除確保措置に係る行為については、適用しない。ただし、次条第1項の規定による決定があつた場合は、この限りでない。

趣　旨

法第48条の4は、公正取引委員会が法第48条の3第3項の認定をした場合は、法第48条の5第1項の規定により当該認定が取り消されない限りは、当該認定に係る疑いの理由となった行為及び排除措置に係る行為について排除措置命令及び課徴金納付命令を行わないことを規定するものである。

法第48条の8は、排除確保措置計画に係る認定の効果について同旨を規定するものである。

解　説

1 「当該認定に係る疑いの理由となつた行為」

確約計画に記載されている確約措置が疑いの理由となった行為を排除する又は疑いの理由となった行為が排除されたことを確保するために十分なものであり（法第48条の3第3項第1号又は第48条の7第3項第1号）、当該確約措置が確実に実施されると見込まれる（法第48条の3第3項第2号又は第48条の7第3項第2号）と認められ、当該確約計画が法第48条の3第3項又は第48条の7第3項の認定を受けた後、当該確約計画に従って確約措置が実施されれば、疑いの理由となった行為は排除されるため、排除措置命令及び課徴金納付命令を行う対象がなくなると考えられる。

他方で、確約措置が実施される以前の当該認定に係る疑いの理由となった行為については、確約措置の実施後に当該行為がなくなった後も、法第7条第2項等の規定上は除斥期間が経過するまでの間は既往の違反行為として排除措置命令及び課徴金納付命令が行われ得ることから、法第48条の3第3項又は第48条の7第3項の認定の効果として、当該認定に係る疑いの理由となった行為について排除措置命令及び課徴金納付命令を行わない旨を明確に規定するものである。

2 「排除措置に係る行為」（法第48条の4）、「排除確保措置に係る行為」（法第48条の8）

確約措置の内容として、当該認定に係る疑いの理由となった行為を変更したことを取引先等に周知するといった措置そのものについては、法第3条、第6条、第8条、第9条第1項若しくは第2項、第10条第1項、第11条第1項、第13条、第14条、第15条第1項、第15条の2第1項、第15条の3第1項、第16条第1項、第17条又は第19条の規定に違反しないことが明らかであるが、例えば、確約措置の内容として、違反の疑いのある契約の内容を変更するといった措置を採る場合には、上記 1 のとおり法第 48 条の 3 第 3 項又は第 48 条の 7 第 3 項の認定を受けた確約計画に従って確約措置を実施すれば、当初の疑いの理由となった行為は排除されると考えられるが、当該変更された後の契約に基づく行為（認定を受けた確約措置に係る行為）についても、法第 48 条の 3 第 3 項又は第 48 条の 7 第 3 項の認定の効果として排除措置命令及び課徴金納付命令が行われないことが明確であることが法的安定性の見地から望ましいため、本条の規定により、確約措置に係る行為についても排除措置命令及び課徴金納付命令を行わない旨を確認的に規定するものである。

3　その他確約手続対応方針の記載（確約計画の認定の効果）

確約計画の認定については、「違反する行為があるとき」（法第 7 条第 1 項、第 8 条の 2 第 1 項、第 17 条の 2 第 1 項及び第 2 項並びに第 20 条第 1 項）又は「違反する行為が既になくなつている場合」（法第 7 条第 2 項、第 8 条の 2 第 2 項及び第 20 条第 2 項）に命ずるとされている排除措置命令と異なることから、確約手続において公正取引委員会が確約計画の認定をすることは、疑いの理由となった行為について独占禁止法の規定に違反すると判断するものではないことを明らかにしている（確約手続対応方針 8(2)）。

第7　確約計画（排除措置計画及び排除確保措置計画）に係る認定の取消し

第48条の5第1項及び第2項（排除措置計画に係る認定の取消し）

第48条の5　公正取引委員会は、次の各号のいずれかに該当するときは、決定で、第48条の3第3項の認定を取り消さなければならない。

一　第48条の3第3項の認定を受けた排除措置計画に従つて排除措置が実施されていないと認めるとき。

二　第48条の3第3項の認定を受けた者が虚偽又は不正の事実に基づいて当該認定を受けたことが判明したとき。

②　第48条の3第4項及び第5項の規定は、前項の規定による決定について準用する。この場合において、同条第4項及び第5項中「認定書」とあるのは、「決定書」と読み替えるものとする。

第48条の9第1項及び第2項（排除確保措置計画に係る認定の取消し）

第48条の9　公正取引委員会は、次の各号のいずれかに該当するときは、決定で、第48条の7第3項の認定を取り消さなければならない。

一　第48条の7第3項の認定を受けた排除確保措置計画に従つて排除確保措置が実施されていないと認めるとき。

二　第48条の7第3項の認定を受けた者が虚偽又は不正の事実に基づいて当該認定を受けたことが判明したとき。

②　第48条の3第4項及び第5項の規定は、前項の規定による決定について準用する。この場合において、同条第4項及び第5項中「認定書」とあるのは、「決定書」と読み替えるものとする。

趣　旨

法第48条の3第3項の認定があった場合、当該認定に係る疑いの理由となった行為及び排除措置に係る行為については、排除措置命令及び課徴金納付命令が行われないこととなる（法第48条の4）が、法第48条の5第

1項は、公正取引委員会が、①認定を受けた排除措置計画に従って排除措置が実施されていないと認めるとき（第1号）又は②虚偽又は不正の事実に基づいて認定を受けたことが判明したとき（第2号）は、当該認定を維持すべきではなく、排除措置命令及び課徴金納付命令を行うことを可能とするため、当該認定を取り消さなければならないことを規定するものである。

また、法第48条の5第2項は、当該認定の取消しに係る手続及びその効力の発生について規定するものである。

法第48条の9第1項及び第2項は、排除確保措置計画に係る認定の取消しについて同旨を規定するものである。

解　説

1　法第48条の5第1項、第48条の9第1項（認定の取消し）

⑴　「排除措置計画に従つて排除措置が実施されていないと認めるとき」（法第48条の5第1項第1号）、「排除確保措置計画に従つて排除確保措置が実施されていないと認めるとき」（法第48条の9第1項第1号）

確約計画には、確約措置の内容（法第48条の3第2項第1号又は第48条の7第2項第1号）、確約措置の実施期限（法第48条の3第2項第2号又は第48条の7第2項第2号）等が記載されることとなるが、例えば、確約計画に記載されている確約措置と実際に実施された措置の内容が異なる場合や、確約措置が実施期限内に実施されない場合には、「排除措置計画に従つて排除措置が実施されていない」又は「排除確保措置計画に従つて排除確保措置が実施されていない」ものとして、法第48条の5第1項第1号又は第48条の9第1項第1号に該当すると考えられる。

⑵　「虚偽又は不正の事実に基づいて当該認定を受けたことが判明したとき」

法第48条の3第1項又は第48条の7第1項の規定により確約計画の認定を申請する者は、確約計画に法第48条の3第2項各号又は第48条の7第2項各号に定める事項を記載することとなる。具体的には、確約措置の内容（第1号）、確約措置の実施期限（第2号）等を記載することとなるが、法第48条の3第1項又は第48条の7第1項の委任に基づく確約手続規則によって、当該計画の添付書類として、確約措置が疑いの理由となった行為を排除する又は疑いの理由となった行為が排除されたことを確保するために十分なものであることを示す書類（確約手続規則第8条第2項第1号又は第22条第2項第1号）、確約措置が確実に実施されると見込まれるものであることを示す書類（同規則第8条第2項第2号又は第22条第2項第2号）を添付するものとすることとされている。確約計画において、例えば、上記の添付書類中の確約措置の内容が十分であるとの説明や確約計画の履行確保が確実であるとの説明に虚偽の内容が含まれており、それを前提として法第48条の3第3項又は第48条の7第3項の認定を受けた場合には、「虚偽又は不正の事実に基づいて当該認定を受けた」ものとして、法第48条の5第1項第2号又は第48条の9第1項第2号に該当すると考えられる。

2　法第48条の5第2項、第48条の9第2項（認定の取消しの手続）

⑴　法律の趣旨

法第48条の5第1項又は第48条の9第1項の規定により法第48条の3第3項又は第48条の7第3項の認定を取り消すこととなった場合には、当該取消しは公正取引委員会による決定で行うこととなるが、確約計画の認定の申請を却下する場合及び認定された確約計画に係る変更の認定の申請を却下する場合と同様に、確約計画の認定の取消しは決定書をもって行い、当該決定書には、当該決定に係る公正取引委員会による合議に出席した委員長及び委員の記名押印を要することとしている（法第48条の3第4項準用）。また、決定書の謄本が送達されることによって取消しの決定の効力を生ずることとしている（法第48条の3第5項準用）。

⑵　確約手続規則の規定

決定書の謄本は、確約計画の認定を受けた者のみならずその代理人に送達することができることが規定されているとともに、当該決定書には認定を取り消した旨及び取消しの理由が記載されることが規定されている（確約手続規則第 20 条及び第 34 条）。

第48条の5第3項及び第4項（除斥期間の特例）

③　第1項の規定による第48条の3第3項の認定の取消しがあつた場合において、当該取消しが第7条第2項ただし書（第8条の2第2項及び第20条第2項において準用する場合を含む。以下この項において同じ。）に規定する期間の満了する日の2年前の日以後にあつたときは、当該認定に係る疑いの理由となつた行為に対する第7条第2項（第8条の2第2項及び第20条第2項において準用する場合を含む。）又は第8条の2第3項の規定による命令は、第7条第2項ただし書の規定にかかわらず、当該取消しの決定の日から2年間においても、することができる。

④　前項の規定は、第7条の2第1項（同条第2項及び第8条の3において読み替えて準用する場合を含む。）若しくは第4項又は第20条の2から第20条の6までの規定による命令について準用する。この場合において、前項中「第7条第2項ただし書（第8条の2第2項及び第20条第2項において」とあるのは「第7条の2第27項（第8条の3及び第20条の7において読み替えて」と、「、第7条第2項ただし書」とあるのは「、第7条の2第27項」と読み替えるものとする。

第48条の9第3項及び第4項（除斥期間の特例）

③　第1項の規定による第48条の7第3項の認定の取消しがあつた場合において、当該取消しが第7条第2項ただし書（第8条の2第2項及び第20条第2項において準用する場合を含む。以下この項において同じ。）に規定する期間の満了する日の2年前の日以後にあつたときは、当該認定に係る疑いの理由となつた行為に対する第7条第2項（第8条の2第2項及び第20条第2項において準用する場合を含む。）又は第8条の2第3項の規定による命令は、第7条第2項ただし書の規定にかかわらず、当該取消しの決定の日から2年間においても、することができる。

④　前項の規定は、第7条の2第1項（同条第2項及び第8条の3において読み替えて準用する場合を含む。）若しくは第4項又は第20条の2から第20条の6までの規定による命令について準用する。この場合において、前項中「第7条第2項ただし書（第8条の2第2項及び第20条第2項において」とあるのは「第7条の2第27項（第8条の3及び第20条の7において読み替

えて」と、「、第7条第2項ただし書」とあるのは「、第7条の2第27項」と読み替えるものとする。

趣　旨

法第 48 条の 5 第 3 項及び第 4 項は、排除措置計画の認定の取消しの決定（法第 48 条の 5 第 1 項）がなされた場合において、当該認定に係る疑いの理由となった行為について排除措置命令及び課徴金納付命令を行うときには、5 年間の除斥期間（排除措置命令について法第 7 条第 2 項ただし書（法第 8 条の 2 第 2 項及び第 20 条第 2 項において準用する場合を含む。）、課徴金納付命令について法第 7 条の 2 第 27 項（法第 8 条の 3 及び第 20 条の 7 において読み替えて準用する場合を含む。））にかかわらず、認定の取消しの決定の日から 2 年間は排除措置命令及び課徴金納付命令を行うことができるよう規定するものである。

法第 48 条の 9 第 3 項及び第 4 項は、排除確保措置計画に係る排除措置命令及び課徴金納付命令の除斥期間の特例について同旨を規定するものである。

解　説

1　法第 48 条の 5 第 3 項、第 48 条の 9 第 3 項（排除措置命令の除斥期間の特例）

法第 48 条の 5 第 1 項又は第 48 条の 9 第 1 項の規定により認定の取消しの決定がなされるのは、確約計画の認定がなされてから相当程度の期間が経過した後となることも想定される。しかし、排除措置命令の除斥期間は違反行為が終了してから 5 年間と規定されているため、認定を取り消したとしても、調査を再開して排除措置命令を行おうとする時点では、既に除斥期間が経過しており、排除措置命令を行えないケースも想定される。そこで、法第 48 条の 5 第 3 項及び第 48 条の 9 第 3 項は、認定の取消しの決定の日から 2 年間は排除措置命令を行うことができる旨を規定するものである。

なお、認定の取消しの決定が除斥期間の満了する日の２年前の日より前にあったときには、認定の取消しの決定の日から２年間の期間よりも、そもそもの除斥期間の残りの期間の方が長いこととなり、除斥期間の特例を適用する必要がないため、排除措置命令の除斥期間の特例を適用するのは、認定の取消しの決定が除斥期間の満了する日の２年前の日以降にあった場合に限ることとしている。

2　法第48条の5第4項、第48条の9第4項（課徴金納付命令の除斥期間の特例）

上記1の排除措置命令と同様に、除斥期間の特例に関する規定の必要性は、課徴金納付命令についても同様であるところ、課徴金納付命令についても、法第48条の5第3項又は第48条の9第3項の規定について必要な読替えを行った上で準用することとしている。

第2章 確約手続の導入に伴う企業結合審査手続の整備

第10条（会社の株式保有の制限、届出義務）

第10条　（略）

②〜⑧　（略）

⑨　公正取引委員会は、第17条の2第1項の規定により当該届出に係る株式の取得に関し必要な措置を命じようとする場合には、前項本文に規定する30日の期間又は同項ただし書の規定により短縮された期間（公正取引委員会が株式取得会社に対してそれぞれの期間内に公正取引委員会規則で定めるところにより必要な報告、情報又は資料の提出（以下この項において「報告等」という。）を求めた場合においては、前項の届出受理の日から120日を経過した日と全ての報告等を受理した日から90日を経過した日とのいずれか遅い日までの期間）（以下この条において「通知期間」という。）内に、株式取得会社に対し、第50条第1項の規定による通知をしなければならない。ただし、次に掲げる場合は、この限りでない。

一・二　（略）

三　当該届出に係る株式の取得に関し、第48条の2の規定による通知をした場合において、第48条の3第1項に規定する期間内に、同項の規定による認定の申請がなかつたとき。

四　当該届出に係る株式の取得に関し、第48条の2の規定による通知をした場合において、第48条の3第1項の規定による認定の申請に係る取下げがあつたとき。

五　当該届出に係る株式の取得に関し、第48条の2の規定による通知をした場合において、第48条の3第1項の規定による認定の申請について同条第6項の規定による決定があつたとき。

六　当該届出に係る株式の取得に関し、第48条の5第1項（第1号に係る部分に限る。）の規定による第48条の3第3項の認定（同条第8項の規定による変更の認定を含む。）の取消しがあつた場合

七　当該届出に係る株式の取得に関し、第48条の５第１項（第２号に係る部分に限る。）の規定による第48条の３第３項の認定（同条第８項の規定による変更の認定を含む。）の取消しがあつた場合

⑩　（略）

⑪　第９項第３号の規定に該当する場合において、公正取引委員会は、第17条の２第１項の規定により当該届出に係る株式の取得に関し必要な措置を命じようとするときは、通知期間に60日を加算した期間内に、第９項本文の通知をしなければならない。

⑫　第９項第４号の規定に該当する場合において、公正取引委員会は、第17条の２第１項の規定により当該届出に係る株式の取得に関し必要な措置を命じようとするときは、通知期間に第48条の２の規定による通知の日から同号の取下げがあつた日までの期間に相当する期間を加算した期間内に、第９項本文の通知をしなければならない。

⑬　第９項第５号の規定に該当する場合において、公正取引委員会は、第17条の２第１項の規定により当該届出に係る株式の取得に関し必要な措置を命じようとするときは、通知期間に90日を加算した期間内に、第９項本文の通知をしなければならない。

⑭　第９項第６号の規定に該当する場合において、公正取引委員会は、第17条の２第１項の規定により当該届出に係る株式の取得に関し必要な措置を命じようとするときは、第48条の５第１項の規定による決定の日から起算して１年以内に第９項本文の通知をしなければならない。

趣　旨

本条第９項は、公正取引委員会が届出のあった株式取得に対して排除措置を命じようとする場合（法第17条の２第１項）において、公正取引委員会は、原則として届出受理の日から30日の期間又は本条第８項ただし書の規定により短縮された期間（公正取引委員会が公正取引委員会規則に基づき株式取得会社に報告等を求めた場合（いわゆる「第２次審査」が行われた場合）においては、届出受理の日から120日を経過した日と全ての報告等を受理した日から90日を経過した日とのいずれか遅い日までの期間）（以下「通知期間」という。）内に排除措置命令に係る意見聴取の通知（法第50条第１項）を行わなけれ

ばならない旨規定している。本条第9項第3号から第7号まで及び第11項から第14項までの規定は、株式取得の届出がなされた後、確約手続が適用されたものの、排除措置計画が認定されるに至らなかったときなどには、通常の株式取得に係る企業結合審査手続に戻り、そのときには、確約手続に要した期間等について通知期間を延長するなど、所要の手当てを講じるものである。

解　説

1　第9項

本項柱書は、公正取引委員会が届出のあった株式取得に対して排除措置を命じようとする場合（法第17条の2第1項）において、公正取引委員会は、原則として通知期間内に意見聴取の通知（法第50条第1項）を行わなければならない旨規定している。これに対し、本項各号は、その例外となる場合を規定している。第3号から第7号までは、株式取得の届出がなされた後、確約手続が適用されたものの、排除措置計画が認定されるに至らなかった場合等を列記したものである。

(1)　第3号

公正取引委員会が確約手続の通知（法第48条の2）をしたものの、株式取得会社が認定の申請（法第48条の3第1項）を行わなかったときには、その後の手続は通常の企業結合審査手続に戻ることになる。本号は、この場合について、通知期限に係る原則の規定を適用しないこととするものである。

この場合の通知期間の延長については、本条第11項において規定されている。

(2)　第4号

株式取得会社が認定の申請（法第48条の3第1項）を行った後、株式取得会社が当該申請を取り下げたときには、その後の手続は通常の企業結合審査手続に戻ることになる。本号は、この場合について、通知期限に係る原則の規定を適用しないこととするものである。

この場合の通知期間の延長については、本条第12項において規定されている。

(3) 第5号

ア　法律の趣旨

公正取引委員会が申請の却下の決定（法第48条の3第6項）を行った場合には、その後の手続は通常の企業結合審査手続に戻ることになる。本号は、この場合について、通知期限に係る原則の規定を適用しないこととするものである。

この場合の通知期間の延長については、本条第13項において規定されている。

イ　確約手続対応方針の記載

公正取引委員会が申請の却下の決定をするのは、確約措置が措置内容の十分性又は措置実施の確実性の点から認定要件に適合しないと判断されるときであるが、企業結合に係る確約措置の措置内容については、「企業結合審査に関する独占禁止法の運用指針」（平成16年5月31日公正取引委員会）の「第6　競争の実質的制限を解消する措置」が参考となる（確約手続対応方針6(3)（注3））。

(4) 第6号

公正取引委員会が、排除措置計画に従って排除措置が実施されていないと認められることを理由として認定の取消しの決定（法第48条の5第1項第1号）を行った場合には、公正取引委員会は、法第17条の2の規定を適用すべく、法第8章第2節の手続を経るために必要な審査を行うことになる。本号は、この場合について、通知期限に係る原則の規定を適用しないこととするものである。

この場合の通知期間の延長については、本条第14項において規定されている。

(5) 第7号

本号は、株式取得会社が虚偽又は不正の事実に基づいて認定を受けたことが判明したことを理由として、公正取引委員会が当該認定の取消しの決定（法第48条の5第1項第2号）を行った場合には、通知期限に係る規定を適用しないこととするものである。

この場合については、本項第2号の規定に該当する場合（届出書のうち重要な事項について虚偽の記載があった場合）と同様に、意見聴取の通知について特段の期限を設けていない。

2　第11項

(1) 法律の趣旨

本項は、本条第9項第3号の規定に該当する場合（公正取引委員会が確約手続の通知をしたものの、株式取得会社が認定の申請を行わなかった場合）には、公正取引委員会は、通知期間に60日（確約手続に要した期間）を加算した期間内に、意見聴取の通知を行わなければならないこととするものである。

(2) 確約手続対応方針の記載

この点については、確約手続対応方針6(1)（注1）においても、株式取得以外の類型の企業結合と併せて、記載がなされている。

3　第12項

(1) 法律の趣旨

本項は、本条第9項第4号の規定に該当する場合（株式取得会社が認定の申請を行った後、同社が当該申請を取り下げた場合）には、公正取引委員会は、通知期間に通知の日から申請の取下げがあった日までの期間に相当する期間（確約手続に要した期間）を加算した期間内に、意見聴取の通知を行わなければならないこととするものである。

(2) 確約手続対応方針の記載

この点については、確約手続対応方針6(2)（注2）においても、株式取得以外の類型の企業結合と併せて、記載がなされている。

4　第13項

⑴　法律の趣旨

本項は、本条第９項第５号の規定に該当する場合（公正取引委員会が申請の却下の決定を行った場合）には、公正取引委員会は、通知期間に90日（確約手続に要した期間）を加算した期間内に、意見聴取の通知を行わなければならないこととするものである。

⑵　確約手続対応方針の記載

この点については、確約手続対応方針８⑴（注４）においても、株式取得以外の類型の企業結合と併せて、記載がなされている。

5　第14項

⑴　法律の趣旨

本条第９項第６号の規定に該当する場合（公正取引委員会が、排除措置計画に従って排除措置が実施されていないと認められることを理由として認定の取消しの決定を行った場合）には、公正取引委員会は、その後、排除措置命令の内容等について検討を行うこととなるが、認定の取消しは、株式取得の届出があってから相当の年数が経過してからなされることが想定され、その場合、市場における競争状態は届出段階から変化していることが多いと考えられる。そのため、認定の取消しを行った上で排除措置命令を行うためには、届出後の経済状況・市場構造の変化等も踏まえた上で、新たに必要となる排除措置の内容等について検討する必要があり、当事会社からの報告の徴収や第三者（取引先・競争事業者等）からの意見の聴取、それらを踏まえた当事会社との連絡・交渉等を行っている間に１年近くの期間を要している事案は少なくないものと考えられる。

したがって、本項は、本条第９項第６号の規定に該当する場合には、公正取引委員会は、認定の取消しの決定の日から１年以内に、意見聴取の通知を行わなければならないこととするものである。

⑵　確約手続対応方針の記載

この点については、確約手続対応方針10⑵（注5）においても、株式取得以外の類型の企業結合と併せて、記載がなされている。

第15条（合併の制限、届出義務）

第15条　（略）
②　（略）
③　第10条第8項から第14項までの規定は、前項の規定による届出に係る合併の制限及び公正取引委員会がする第17条の2第1項の規定による命令について準用する。この場合において、第10条第8項及び第10項から第14項までの規定中「株式の取得」とあるのは「合併」と、同条第9項中「株式の取得」とあるのは「合併」と、「が株式取得会社」とあるのは「が合併会社のうち少なくとも一の会社」と、「、株式取得会社」とあるのは「、合併会社」と読み替えるものとする。

趣　旨

本条第3項は、合併につき、法第10条の株式取得に係る規定を準用するものである。

解　説

確約手続の対象となる企業結合には、法第10条に規定する株式取得のほか、本条に規定する合併も含まれることから、合併の届出がなされた後、確約手続が適用されたものの、排除措置計画が認定されるに至らなかったときなどには、通常の合併に係る企業結合審査手続に戻り、そのときには、確約手続に要した期間等について通知期間を延長するなど、株式取得と同様の扱いがなされることが本条第3項により規定されている。

第15条の2（分割の制限、届出義務）

第15条の2　（略）
②・③　（略）
④　第10条第8項から第14項までの規定は、前2項の規定による届出に係る共同新設分割及び吸収分割の制限並びに公正取引委員会がする第17条の2第1項の規定による命令について準用する。この場合において、第10条第8項及び第10項から第14項までの規定中「株式の取得」とあるのは「共同新設分割又は吸収分割」と、同条第9項中「株式の取得」とあるのは「共同新設分割又は吸収分割」と、「が株式取得会社」とあるのは「が共同新設分割をしようとし、又は吸収分割をしようとする会社のうち少なくとも一の会社」と、「、株式取得会社」とあるのは「、共同新設分割をしようとし、又は吸収分割をしようとする会社」と読み替えるものとする。

趣　旨

本条第4項は、共同新設分割及び吸収分割につき、法第10条の株式取得に係る規定を準用するものである。

解　説

確約手続の対象となる企業結合には、法第10条に規定する株式取得のほか、本条に規定する共同新設分割及び吸収分割も含まれることから、これらの届出がなされた後、確約手続が適用されたものの、排除措置計画が認定されるに至らなかったときなどには、通常の共同新設分割又は吸収分割に係る企業結合審査手続に戻り、そのときには、確約手続に要した期間等について通知期間を延長するなど、株式取得と同様の扱いがなされることが本条第4項により規定されている。

第15条の3（共同株式移転の制限、届出義務）

第15条の3　（略）

②　（略）

③　第10条第8項から第14項までの規定は、前項の規定による届出に係る共同株式移転の制限及び公正取引委員会がする第17条の2第1項の規定による命令について準用する。この場合において、第10条第8項及び第10項から第14項までの規定中「株式の取得」とあるのは「共同株式移転」と、同条第9項中「株式の取得」とあるのは「共同株式移転」と、「が株式取得会社」とあるのは「が共同株式移転をしようとする会社のうち少なくとも一の会社」と、「、株式取得会社」とあるのは「、共同株式移転をしようとする会社」と読み替えるものとする。

趣　旨

本条第3項は、共同株式移転につき、法第10条の株式取得に係る規定を準用するものである。

解　説

確約手続の対象となる企業結合は、法第10条に規定する株式取得のほか、本条に規定する共同株式移転も含まれることから、共同株式移転の届出がなされた後、確約手続が適用されたものの、排除措置計画が認定されるに至らなかったときなどには、通常の共同株式移転に係る企業結合審査手続に戻り、そのときには、確約手続に要した期間等について通知期間を延長するなど、株式取得と同様の扱いがなされることが本条第3項により規定されている。

第 16 条（事業の譲受け等の制限、届出義務）

第 16 条　（略）
②　（略）
③　第 10 条第 8 項から第 14 項までの規定は、前項の規定による届出に係る事業等の譲受けの制限及び公正取引委員会がする第 17 条の 2 第 1 項の規定による命令について準用する。この場合において、第 10 条第 8 項及び第 10 項から第 14 項までの規定中「株式の取得」とあるのは「事業又は事業上の固定資産の譲受け」と、同条第 9 項中「株式の取得」とあるのは「事業又は事業上の固定資産の譲受け」と、「株式取得会社」とあるのは「事業又は事業上の固定資産の譲受けをしようとする会社」と読み替えるものとする。

趣　旨

本条第 3 項は、事業の譲受け等につき、法第 10 条の株式取得に係る規定を準用するものである。

解　説

確約手続の対象となる企業結合は、法第 10 条に規定する株式取得のほか、本条に規定する事業の譲受け等も含まれることから、事業の譲受け等の届出がなされた後、確約手続が適用されたものの、排除措置計画が認定されるに至らなかったときなどには、通常の事業の譲受け等に係る企業結合審査手続に戻り、そのときには、確約手続に要した期間等について通知期間を延長するなど、株式取得と同様の扱いがなされることが本条第 3 項により規定されている。

第3章 その他の規定の整備

第65条（命令、認定及び決定の議決方法）

第65条　排除措置命令、納付命令、競争回復措置命令、第48条の3第3項の認定及び第48条の7第3項の認定並びにこの節の規定による決定（第70条第2項に規定する支払決定を除く。以下同じ。）は、委員長及び委員の合議によらなければならない。

②・③　（略）

趣　旨

本条第1項は、確約計画の認定が、委員長及び委員の合議による旨を規定するものである。

解　説

1　委員長及び委員の合議による議決の趣旨

本条第1項において、排除措置命令、課徴金納付命令等が委員長及び委員の合議によらなければならないとされている趣旨は、公正取引委員会が合議体の行政機関であり、また、委員長及び委員は独立して職権を行使することから、これらの命令等を行うに当たっては、意見を十分に交換し、検討した上で行わなければならないことにある。

確約手続は、公正取引委員会が確約計画の認定をした場合、当該認定に係る疑いの理由となった行為及び排除措置又は排除確保措置に係る行為について排除措置命令及び課徴金納付命令を行わない、という法的効果が生じるものであることから、その認定に当たっては、排除措置命令、課徴金納付命令等を行う場合と同様に、委員長及び委員の合議によることとするものである。

2 「この節の規定による決定」

改正前の法第8章第2節（法第45条から第70条の12まで）の規定による決定には、以下のものがある。

① 罰金との調整による課徴金納付命令の取消し・変更（法第63条第1項及び第2項）

② 法第11条第1項又は第2項の認可申請の却下（法第70条の2第1項）

③ 法第11条第1項又は第2項の認可の取消し・変更（法第70条の3第1項）

④ 経済事情の変化等による排除措置命令又は競争回復措置命令の取消し・変更（法第70条の3第3項）

今般の改正によって追加された「決定」は、以下の2つである。

⑤ 確約計画の認定申請（変更の申請を含む。）の却下（法第48条の3第6項及び第48条の7第5項）

⑥ 確約計画の認定（変更の認定を含む。）の取消し（法第48条の5第1項及び第48条の9第1項）

第68条（排除措置命令等をした後における調査のための強制処分）

第68条　公正取引委員会は、第48条の3第3項の認定をした後においても、特に必要があるときは、第47条の規定により、第48条の5第1項各号のいずれかに該当しているかどうかを確かめるために必要な処分をし、又はその職員をして処分をさせることができる。

② 公正取引委員会は、第48条の7第3項の認定をした後においても、特に必要があるときは、第47条の規定により、第48条の9第1項各号のいずれかに該当しているかどうかを確かめるために必要な処分をし、又はその職員をして処分をさせることができる。

③ （略）

趣　旨

本条第1項及び第2項は、公正取引委員会が確約計画の認定をした後においても、法第47条の調査権限を行使することができる旨を規定するものである。

解　説

公正取引委員会が排除措置命令又は競争回復措置命令を行った場合、措置内容に係る公正取引委員会としての最終的な判断は排除措置命令又は競争回復措置命令を行った段階でなされることとなる。改正前の本条（改正後の本条第3項）は、公正取引委員会が命じた排除措置命令又は競争回復措置命令が十分に履行されていない疑いがある場合等、特に必要があるときは、これらの命令後における市場の状況、名宛人による命令の履行状況等について、法第47条の調査権限を用いて調査することができる旨を規定している。

この点、確約手続においては、確約計画の認定の段階で、確約措置が疑いの理由となった行為を排除する又は疑いの理由となった行為が排除されたことを確保するために十分なものであるか否かについての公正取引委員会の最終的な判断がなされることとなる。そして、確約手続においても同様に、認定を受けた当該確約計画に従って措置が実施されていない疑いがある場合等、認定の取消事由（法第 48 条の 5 第 1 項各号及び第 48 条の 9 第 1 項各号）の存否を調査するため、法第 47 条の調査権限を行使する必要がある。

したがって、確約計画の認定後においても、法第 47 条の調査権限を行使することができる旨を規定するものである。

第70条の11（行政手続法の適用除外）

第70条の11　公正取引委員会がする排除措置命令、納付命令、競争回復措置命令及び第70条の2第1項に規定する認可の申請に係る処分並びにこの節の規定による認定、決定その他の処分（第47条第2項の規定によつて審査官がする処分及びこの節の規定によつて指定職員がする処分を含む。）については、行政手続法（平成5年法律第88号）第2章及び第3章の規定は、適用しない。

趣旨

本条は、公正取引委員会がする排除措置命令、課徴金納付命令等の処分と同様に、確約計画の認定の申請に係る処分及び認定の取消しについて、行政手続法（平成5年法律第88号）の適用除外とするものである。

解説

確約計画の認定は、違反行為に対する公正取引委員会の行政処分権限（排除措置命令及び課徴金納付命令に係る権限）を制約する性質を有するものであることから、通常の受益処分としての許認可等とは異なり、実態としては排除措置命令及び課徴金納付命令の行政処分を留保するための処分と考えられる。したがって、このような位置付けにすぎない認定を取り消す場合には、通常の受益処分としての許認可等を取り消す場合に必要となる聴聞の手続までは要しないと考えられる。

また、従来から規定されている認可制度である法第11条第1項又は第2項に規定する認可（銀行又は保険会社の議決権保有の制限に係る認可。以下「第11条認可」という。）の申請について、当該認可申請に対する認可処分及び却下処分は「第70条の2第1項に規定する認可の申請に係る処分」（法第70条の11）として、行政手続法の適用除外とされている。これは、法第70条の2第1項においては、第11条認可の申請を却下する場合には「決定」の方法によることとするとともに、決定の方式として委員長及び委員の合議によるべきこと等が規定されているところ、これらはいずれも行政手続法第2章［申請に対する処分］の規定を適用するだけでは手当てができず、独占禁止法に独自に規定するほかない一方、これらの認可申請を認める処分（認可処分）については、特に独占禁止法に独自の形式が置かれているものではなく、行政手続法第 2 章の規定を適用することで足りるものの、同じ認可申請に係る処分について、認可をする場合と却下する場合とでその手続を定める法律が異なることは適当ではないことから、認可処分についても行政手続法の適用除外とされたものである（岩成博夫＝横手哲二＝岩下生知編著『逐条解説　平成 25 年改正独占禁止法』（商事法務、2015）39～40 頁）。

この点、確約計画の認定については、その方式として委員長及び委員の合議によることとされており（法第 48 条の 3 第 4 項又は第 48 条の 7 第 4 項及び第 65 条第 1 項）、また、認定の申請を却下する場合には公正取引委員会による「決定」の方法により（法第 48 条の 3 第 6 項又は第 48 条の 7 第 5 項）、決定の方式として委員長及び委員の合議によることとされている（法第 48 条の 3 第 7 項又は第 48 条の 7 第 6 項及び第 65 条第 1 項）。加えて、認定の取消しの場合についても、公正取引委員会による「決定」の方法により（法第 48 条の 5 第 1 項又は第 48 条の 9 第 1 項）、決定の方式として委員長及び委員の合議によることとされている（法第 48 条の 5 第 2 項又は第 48 条の 9 第 2 項及び第 65 条第 1 項）。

これらの手続は、第 11 条認可の申請を却下する場合と同様であるところ、これらはいずれも行政手続法第 2 章の規定を適用するだけでは手当てができず、独占禁止法に独自に規定するよりほかない。

したがって、確約計画の認定、却下の決定及び取消しの決定に係る処分について行政手続法の適用除外とするものである。

第70条の12（行政不服審査法の適用除外）

第70条の12　公正取引委員会の排除措置命令、納付命令及び競争回復措置命令並びにこの節の規定による認定、決定その他の処分（第47条第2項の規定による審査官の処分及びこの節の規定による指定職員の処分を含む。）又はその不作為については、審査請求をすることができない。

趣　旨

本条は、確約手続における確約計画の認定、認定申請の却下及び認定の取消しについては、行政不服審査法（平成26年法律第68号）の適用除外とする旨を規定するものである。

解　説

本条は、公正取引委員会がした排除措置命令等について行政不服審査法の適用除外を規定しているが、その趣旨は、以下のとおりである。

平成25年独占禁止法改正によって公正取引委員会の審判制度が廃止されたが、その趣旨は、行政処分を行った公正取引委員会が自ら当該行政処分の適否を判断するとの審判制度の仕組みに対する不信感を払拭するという点にあるため、審判制度廃止後における制度設計において、公正取引委員会が再び処分内容を自ら審理する仕組みを採用することについては、慎重であるべきであると考えられた。また、組織法上、政治的中立性又は専門的技術性を確保するなどの観点から、行政事務について優れた識見を有する委員で構成され、公正かつ慎重な判断に基づいて処理せしめることを目的とする内閣府設置法（平成11年法律第89号）第49条第1項に規定する委員会等は、優れた識見を有する委員等が合議により意思決定を行うという点で、その判断に係る手続の公正性は確保されているものとされているところ、国会の同意を得て任命された専門的知見を有する委員が合議により意思決定を行う公正取引委員会については、その処分について改めて不服審査を行うことにより判断に係る手続の公正性を担保する必要性に乏しい（岩成博夫＝横手哲二＝岩下生知編著『逐条解説　平成25年改正独占禁止法』（商事法務、2015）42〜43頁）。

このように、排除措置命令等が行政不服審査法の適用除外とされている趣旨に鑑みれば、確約手続における確約計画についても、上記のような位置付けである公正取引委員会が、確約計画の認定、却下の決定及び取消しの決定のいずれも、公正取引委員会による合議で意思決定を行うこととされていることは同様であることから（法第 65 条第 1 項）、これらの処分に対して、改めて不服審査の対象とする意義に乏しい。

したがって、確約手続についても、行政不服審査法の適用除外とするものである。

第76条（委員会の規則制定権）

第76条　（略）

②　前項の規定により事件の処理手続について規則を定めるに当たつては、排除措置命令、納付命令、競争回復措置命令、第48条の3第3項の認定及び第48条の7第3項の認定並びに前節の規定による決定（以下「排除措置命令等」という。）の名宛人となるべき者が自己の主張を陳述し、及び立証するための機会が十分に確保されること等当該手続の適正の確保が図られるよう留意しなければならない。

趣　旨

本条第2項は、事件の処理手続についての規則制定に当たっては、当該手続の適正性が十分に確保されるように配慮しなければならない旨を訓示的に規定している。

この趣旨は、確約手続についての規則制定においても妥当し、かつ、後述のとおり、確約計画の認定（法第48条の3第3項又は第48条の7第3項）等に係る抗告訴訟の被告適格等の観点から当該認定を「排除措置命令等」の定義に含める必要があるため（法第77条、第85条及び第88条の解説を参照）、所要の改正を行うものである。

第77条（排除措置命令等に係る抗告訴訟の被告）

第77条　排除措置命令等に係る行政事件訴訟法（昭和37年法律第139号）第3条第1項に規定する抗告訴訟については、公正取引委員会を被告とする。

趣　旨

本条は、公正取引委員会が行った排除措置命令、課徴金納付命令及び競争回復措置命令並びに法第8章第2節の規定による決定に係る抗告訴訟の被告適格について、行政事件訴訟法（昭和37年法律第139号）の規定にかかわらず、被告を国ではなく公正取引委員会とするものである。法第76条第2項において「排除措置命令等」が定義されているところ、新たに導入される確約手続に係る認定（法第48条の3第3項又は第48条の7第3項）等についても「排除措置命令等」の定義に含まれることとなり、当該認定等に係る抗告訴訟についても、被告は公正取引委員会とされることとなる。

解　説

平成17年4月1日に施行された改正行政事件訴訟法において、抗告訴訟の被告適格は、処分又は裁決を行った行政庁から、「当該処分又は裁決をした行政庁の所属する国又は公共団体」へと改められたが（同法第11条）、本条の規定により、「排除措置命令等」に係る抗告訴訟の被告適格は、国ではなく公正取引委員会とされている。

これは、平成17年独占禁止法改正において、「公正取引委員会の審決に係る訴訟」（当時は独占禁止法の審判制度が存在していたことからこのような記載となっているが、平成25年改正による審判制度の廃止後では、法第76条第2項の「排除措置命令等」が相当する。）については、公正取引委員会の職権行使の独立性の観点との整合性を保つためには、被告を「国」ではなく「公正取引委員会」とすることにより、行政事件訴訟法第11条の適用除外とすることが適当であるとされたことによる（諏訪園貞明編著『平成17年改正独占禁止法』（商事法務、2005）154〜155頁）。この点については、平成25年改正によって審判制度が廃止された後においても、「公正取引委員会の処分に係る抗告訴訟について被告適格に関する特則を設けず、国を被告として抗告訴訟が提起されることとなった場合、国の利害に関係のある訴訟についての法務大臣の権限等に関する法律（昭和22年法律第194号。以下『法務大臣権限法』という。）第1条の規定により、訴訟に関する行為は、全て法務大臣が国を代表して行うこととなり、公正取引委員会の職権行使の独立性は訴訟段階で損なわれてしまう」とされている（岩成博夫＝横手哲二＝岩下生知編著『逐条解説　平成25年改正独占禁止法』（商事法務、2015）47～48頁）。

確約手続については、法第48条の3第3項又は第48条の7第3項の認定をした場合は、当該認定が取り消されない限りは、排除措置命令及び課徴金納付命令を行わないこととなるところ、当該認定について、疑いの理由となった行為を行った者以外の第三者（排除措置命令等を行わずに確約計画の認定で事件を終結させたことに対して不服を有する者）が、当該認定の取消訴訟を提起することも想定される。また、確約手続は合意に基づく手続であるため限定的ではあるが、当該認定を受けた者自身が認定の取消訴訟を提起することも、法律上、妨げられるものではない。

確約手続においても、このように取消訴訟等の抗告訴訟が提起される可能性も排除できないところ、確約手続においても、排除措置命令等と同様に公正取引委員会の職権行使の独立性が求められる点は異なるものではないことから、確約計画の認定（法第48条の3第3項又は第48条の7第3項）に係る抗告訴訟の被告を公正取引委員会とすることとしたものである。

また、確約計画の却下の決定（法第48条の3第6項又は第48条の7第5項）及び取消しの決定（法第48条の5第1項又は第48条の9第1項）については、「前節（筆者注：第8章第2節）の規定による決定」（法第76条第2項）として、本条の「排除措置命令等」の定義に含まれるため、これらの決定に係る抗告訴訟についても、被告は公正取引委員会となる。

参考

○行政事件訴訟法（昭和37年5月16日法律第139号）

（被告適格等）

第11条　処分又は裁決をした行政庁（処分又は裁決があつた後に当該行政庁の権限が他の行政庁に承継されたときは、当該他の行政庁。以下同じ。）が国又は公共団体に所属する場合には、取消訴訟は、次の各号に掲げる訴えの区分に応じてそれぞれ当該各号に定める者を被告として提起しなければならない。

一　処分の取消しの訴え　当該処分をした行政庁の所属する国又は公共団体

二　裁決の取消しの訴え　当該裁決をした行政庁の所属する国又は公共団体

2～6　（略）

○国の利害に関係のある訴訟についての法務大臣の権限等に関する法律（昭和22年12月17日法律第194号）

第1条　国を当事者又は参加人とする訴訟については、法務大臣が、国を代表する。

第85条（東京地方裁判所の専属管轄）

第85条　次に掲げる訴訟及び事件は、東京地方裁判所の管轄に専属する。
　一　排除措置命令等に係る行政事件訴訟法第3条第1項に規定する抗告訴訟
　二　（略）

趣　旨

本条は、公正取引委員会が行った排除措置命令等に係る抗告訴訟等について、東京地方裁判所の専属管轄を定めるものである。法第76条第2項において、「排除措置命令等」が定義されているところ、確約手続に係る認定（法第48条の3第3項又は第48条の7第3項）等も本条第1号の「排除措置命令等」に含まれることとなり、当該認定等に係る抗告訴訟についても、東京地方裁判所の管轄に専属することとなる。

解　説

公正取引委員会が行った排除措置命令等に係る抗告訴訟等について、東京地方裁判所の専属管轄とされる趣旨は、公正取引委員会が行う行政処分に係る司法審査は、独占禁止法事案の処理に要求される専門性の観点から、裁判所においても専門性の蓄積に資する仕組みとする必要があること等によるものである（岩成博夫＝横手哲二＝岩下生知編著『逐条解説　平成25年改正独占禁止法』（商事法務、2015）52頁）。

この趣旨は、確約計画の認定（法第48条の3第3項又は第48条の7第3項）、却下の決定（法第48条の3第6項又は第48条の7第5項）及び取消しの決定（法第48条の5第1項又は第48条の9第1項）に係る抗告訴訟についても妥当するところ、当該抗告訴訟についても東京地方裁判所の専属管轄とするものである。

第 88 条（法務大臣権限法の適用除外）

第 88 条　排除措置命令等に係る行政事件訴訟法第 3 条第 1 項に規定する抗告訴訟については、国の利害に関係のある訴訟についての法務大臣の権限等に関する法律（昭和 22 年法律第 194 号）第 6 条の規定は、適用しない。

趣　旨

本条は、排除措置命令等に係る抗告訴訟について、法務大臣権限法第 6 条の適用除外とする規定である。法第 76 条第 2 項において、「排除措置命令等」が定義されているところ、確約手続に係る認定（法第 48 条の 3 第 3 項又は第 48 条の 7 第 3 項）等も本条の「排除措置命令等」に含まれることとなり、当該認定等に係る抗告訴訟についても、法務大臣権限法第 6 条の適用除外となる。

解　説

法務大臣権限法第 6 条を独占禁止法において適用除外とした趣旨は、公正取引委員会は内閣総理大臣の所轄に属するが（法第 27 条第 2 項）、公正取引委員会（委員長及び委員）の意思決定は独立に行われることに鑑み（法第 28 条）、訴訟の場合も法務大臣の指揮を受けることなく、自主的な判断に基づいて訴訟を追行することとするものである（岩成博夫＝横手哲二＝岩下生知編著『逐条解説　平成 25 年改正独占禁止法』（商事法務、2015）59 頁）。

この趣旨は、確約計画の認定（法第 48 条の 3 第 3 項又は第 48 条の 7 第 3 項）、却下の決定（法第 48 条の 3 第 6 項又は第 48 条の 7 第 5 項）及び取消しの決定（法第 48 条の 5 第 1 項又は第 48 条の 9 第 1 項）に係る抗告訴訟についても妥当するところ、当該抗告訴訟についても法務大臣権限法第 6 条の適用除外とするものである。

参考

○国の利害に関係のある訴訟についての法務大臣の権限等に関する法律（昭和22年12月17日法律第194号）

第6条　前条第1項の訴訟については、行政庁は、法務大臣の指揮を受けるものとする。

②　法務大臣は、前条第1項の訴訟について、必要があると認めるときは、所部の職員でその指定するもの若しくは訴訟代理人に選任する弁護士にその訴訟を行わせ、又は同項若しくは同条第3項の規定により行政庁の指定し、若しくは選任した者を解任することができる。

TPP 協定整備法附則第 1 条（施行期日）

（施行期日）

第 1 条　この法律は、環太平洋パートナーシップに関する包括的及び先進的な協定が日本国について効力を生ずる日（第 3 号において「発効日」という。）から施行する。ただし、次の各号に掲げる規定は、当該各号に定める日から施行する。

一～五　（略）

趣　旨

本条は、環太平洋パートナーシップ協定の締結及び環太平洋パートナーシップに関する包括的及び先進的な協定の締結に伴う関係法律の整備に関する法律の施行期日を定めるものであり、すなわち、確約手続の導入に係る独占禁止法の改正規定が当該施行期日から施行されることを意味するものである。

解　説

TPP11 協定第 3 条 1 では、同協定の発効日について、「この協定は、この協定の署名国のうち少なくとも 6 又は少なくとも半数のいずれか少ない方の国がそれぞれの関係する国内法上の手続を完了した旨を書面により寄託者に通報した日の後 60 日で効力を生ずる」とされている。

平成 30 年 10 月 31 日に、豪州が、TPP11 協定の署名国のうち 6 か国目に寄託者であるニュージーランドに国内法上の手続を完了した旨の通報を行ったことから、TPP11 協定は同年 12 月 30 日に発効することとなった（なお、我が国は、TPP11 協定に係る国内法上の手続が完了したことについて、同年 7 月 6 日にニュージーランドに通報を行っている。）。これにより、TPP 協定整備法は平成 30 年 12 月 30 日から施行されることとなり、同法による独占禁止法の改正規定も同日から施行されることとなった。

また、当該施行期日との関係では、施行期日前に行われている行為であっても、公正取引委員会が意見聴取の通知をしていない場合には、確約手続の対象となり得る（意見聴取の通知をした後に確約手続に係る通知を行えないことについては、前記**第1章第1**【第48条の2、第48条の6】**7**参照)。

TPP 協定整備法附則第 11 条（水産業協同組合法及び中小企業等協同組合法の一部改正）

○水産業協同組合法（昭和 23 年法律第 242 号）

第 95 条の 4　前条の場合については、私的独占禁止法第 40 条から第 42 条まで、第 45 条、第 47 条、第 48 条、第 49 条から第 61 条まで、第 65 条第 1 項及び第 2 項、第 66 条、第 67 条、第 68 条第 3 項、第 70 条の 3 第 3 項及び第 4 項、第 70 条の 6、第 70 条の 7、第 70 条の 9 から第 70 条の 12 まで、第 75 条から第 77 条まで、第 85 条（第 1 号に係る部分に限る。）、第 86 条、第 87 条並びに第 88 条の規定を準用する。

○中小企業等協同組合法（昭和 24 年法律第 181 号）

第 108 条　前条の場合については、私的独占禁止法第 40 条から第 42 条まで（公正取引委員会の権限）、第 45 条、第 47 条、第 48 条、第 49 条から第 61 条まで、第 65 条第 1 項及び第 2 項、第 66 条、第 67 条、第 68 条第 3 項、第 70 条の 3 第 3 項及び第 4 項、第 70 条の 6、第 70 条の 7、第 70 条の 9 から第 70 条の 12 まで（事実の報告、事件の調査、排除措置命令その他事件処理の手続）、第 75 条、第 76 条（雑則）、第 77 条、第 85 条（第 1 号に係る部分に限る。）、第 86 条、第 87 条並びに第 88 条（訴訟）の規定を準用する。

趣　旨

水産業協同組合法（昭和 23 年法律第 242 号。以下「水協法」という。）第 95 条の 3 は、「公正取引委員会は、第 94 条第 2 号の規定による組合員たる法人でその常時使用する従業者の数が 100 人を超えるものが実質的に小規模の法人でないと認めるときは、この法律の目的を達成するために、次条に規定する手続に従い、その法人を組合から脱退させることができる。」と規定している。本条は、当該事業者を組合から脱退させる場合における独占禁止法の規定（調査のための強制処分、意見聴取手続、排除措置命令等に係る規定）の準用について定めているところ、その準用される独占禁止法の規定の対象から、新たに導入された確約手続に係る規定（法第 48 条の 2 から第 48 条の 9 まで）を除外するため、所要の改正を行うものである。

なお、中小企業等協同組合法（昭和 24 年法律第 181 号。以下「中協法」という。）第107条及び第108条についても同趣旨の規定となっている。

解　説

確約手続は、公正取引委員会が、法第48条の3第3項又は第48条の7第3項の認定をした場合は、当該認定が取り消されない限りは、排除措置命令及び課徴金納付命令を行わないことで事件を終結させる制度である。他方、水協法第95条の3及び第95条の4並びに中協法第107条及び第108条の規定は、組合の組合員である事業者が「小規模の事業者でないと認めるとき」において当該事業者を組合から脱退させるための手続であり、水協法及び中協法の制度趣旨からすれば、新たに導入された確約手続に係る規定について、事業者を組合から脱退させる際の手続として敢えて準用する必要性が認められない。

したがって、水協法第95条の4及び中協法第108条において準用される独占禁止法の条項から確約手続に係る規定（法第48条の2から第48条の9まで）を除外することとしている。

第3部

資　料

第1章 関係法令等

資料1-1 環太平洋パートナーシップ協定の締結及び環太平洋パートナーシップに関する包括的及び先進的な協定の締結に伴う関係法律の整備に関する法律　新旧対照条文（独占禁止法関係抜粋）

1　私的独占の禁止及び公正取引の確保に関する法律（昭和二十二年法律第五十四号）（第一条関係）

（傍線部分は改正部分）

改　正　後	改　正　前
第十条　（略） ②～⑧　（略） ⑨　公正取引委員会は、第十七条の二第一項の規定により当該届出に係る株式の取得に関し必要な措置を命じようとする場合には、前項本文に規定する三十日の期間又は同項ただし書の規定により短縮された期間（公正取引委員会が株式取得会社に対してそれぞれの期間内に公正取引委員会規則で定めるところにより必要な報告、情報又は資料の提出（以下この項において「報告等」という。）を求めた場合においては、前項の届出受理の日から百二十日を経過した日と全ての報告等を受理した日から九十日を経過した日とのいずれか遅い日までの期間）（以下この条において「通知期間」という。）内に、株式取得会社に対し、第五十条第一項の規定による通知をしなければならない。ただし、次に掲げる場合は、この限りでない。	第十条　（略） ②～⑧　（略） ⑨　公正取引委員会は、第十七条の二第一項の規定により当該届出に係る株式の取得に関し必要な措置を命じようとする場合には、前項本文に規定する三十日の期間又は同項ただし書の規定により短縮された期間（公正取引委員会が株式取得会社に対してそれぞれの期間内に公正取引委員会規則で定めるところにより必要な報告、情報又は資料の提出（以下この項において「報告等」という。）を求めた場合においては、前項の届出受理の日から百二十日を経過した日と全ての報告等を受理した日から九十日を経過した日とのいずれか遅い日までの期間）内に、株式取得会社に対し、第五十条第一項の規定による通知をしなければならない。ただし、次に掲げる場合は、この限りでない。

改正後	改正前
一・二 （略）	一・二 （略）
三 当該届出に係る株式の取得に関し、第四十八条の二の規定による通知をした場合において、第四十八条の三第一項に規定する期間内に、同項の規定による認定の申請がなかつたとき。	（新設）
四 当該届出に係る株式の取得に関し、第四十八条の二の規定による通知をした場合において、第四十八条の三第一項の規定による認定の申請に係る取下げがあつたとき。	（新設）
五 当該届出に係る株式の取得に関し、第四十八条の二の規定による通知をした場合において、第四十八条の三第一項の規定による認定の申請について同条第六項の規定による決定があつたとき。	（新設）
六 当該届出に係る株式の取得に関し、第四十八条の五第一項（第一号に係る部分に限る。）の規定による第四十八条の三第三項の認定（同条第八項の規定による変更の認定を含む。）の取消しがあつた場合	（新設）
七 当該届出に係る株式の取得に関し、第四十八条の五第一項（第二号に係る部分に限る。）の規定による第四十八条の三第三項の認定（同条第八項の規定による変更の認定を含む。）の取消しがあつた場合	（新設）
⑩ （略）	⑩ （略）
⑪ 第九項第三号の規定に該当する場合において、公正取引委員会は、第十七条の二第一項の規定により当該届出に係る株式の取得に関し必要な措置を命じようとするときは、通知期間に六十日を加算した期間内に、第九項本文の通知をしなければならない。	（新設）
⑫ 第九項第四号の規定に該当する場合において、公正取引委員会は、第十七	（新設）

改　正　後	改　正　前
条の二第一項の規定により当該届出に係る株式の取得に関し必要な措置を命じようとするときは、通知期間に六十日を加算した期間内に、第九項本文の通知をしなければならない。	
⑬　第九項第五号の規定に該当する場合において、公正取引委員会は、第十七条の二第一項の規定により当該届出に係る株式の取得に関し必要な措置を命じようとするときは、通知期間に九十日を加算した期間内に、第九項本文の通知をしなければならない。	（新設）
⑭　第九項第六号の規定に該当する場合において、公正取引委員会は、第十七条の二第一項の規定により当該届出に係る株式の取得に関し必要な措置を命じようとするときは、第四十八条の五第一項の規定による決定の日から起算して一年以内に第九項本文の通知をしなければならない。	（新設）
第十五条　（略）	第十五条　（略）
②　（略）	②　（略）
③　第十条第八項から第十四項までの規定は、前項の規定による届出に係る合併の制限及び公正取引委員会がする第十七条の二第一項の規定による命令について準用する。この場合において、第十条第八項及び第十項から第十四項までの規定中「株式の取得」とあるのは「合併」と、同条第九項中「株式の取得」とあるのは「合併」と、「が株式取得会社」とあるのは「が合併会社のうち少なくとも一の会社」と、「、株式取得会社」とあるのは「、合併会社」と読み替えるものとする。	③　第十条第八項から第十項までの規定は、前項の規定による届出に係る合併の制限及び公正取引委員会がする第十七条の二第一項の規定による命令について準用する。この場合において、第十条第八項及び第十項中「株式の取得」とあるのは「合併」と、同条第九項中「株式の取得」とあるのは「合併」と、「が株式取得会社」とあるのは「が合併会社のうち少なくとも一の会社」と、「、株式取得会社」とあるのは「、合併会社」と読み替えるものとする。
第十五条の二　（略）	第十五条の二　（略）
②・③　（略）	②・③　（略）
④　第十条第八項から第十四項までの規	④　第十条第八項から第十項までの規定

改正後	改正前
定は、前二項の規定による届出に係る共同新設分割及び吸収分割の制限並びに公正取引委員会がする第十七条の二第一項の規定による命令について準用する。この場合において、第十条第八項及び第十項から第十四項までの規定中「株式の取得」とあるのは「共同新設分割又は吸収分割」と、同条第九項中「株式の取得」とあるのは「共同新設分割又は吸収分割」と、「が株式取得会社」とあるのは「が共同新設分割をしようとし、又は吸収分割をしようとする会社のうち少なくとも一の会社」と、「、株式取得会社」とあるのは「、共同新設分割をしようとし、又は吸収分割をしようとする会社」と読み替えるものとする。	は、前二項の規定による届出に係る共同新設分割及び吸収分割の制限並びに公正取引委員会がする第十七条の二第一項の規定による命令について準用する。この場合において、第十条第八項及び第十項中「株式の取得」とあるのは「共同新設分割又は吸収分割」と、同条第九項中「株式の取得」とあるのは「共同新設分割又は吸収分割」と、「が株式取得会社」とあるのは「が共同新設分割をしようとし、又は吸収分割をしようとする会社のうち少なくとも一の会社」と、「、株式取得会社」とあるのは「、共同新設分割をしようとし、又は吸収分割をしようとする会社」と読み替えるものとする。
第十五条の三　（略） ②　（略） ③　第十条第八項から第十四項までの規定は、前項の規定による届出に係る共同株式移転の制限及び公正取引委員会がする第十七条の二第一項の規定による命令について準用する。この場合において、第十条第八項及び第十項から第十四項までの規定中「株式の取得」とあるのは「共同株式移転」と、同条第九項中「株式の取得」とあるのは「共同株式移転」と、「が株式取得会社」とあるのは「が共同株式移転をしようとする会社のうち少なくとも一の会社」と、「、株式取得会社」とあるのは「、共同株式移転をしようとする会社」と読み替えるものとする。	第十五条の三　（略） ②　（略） ③　第十条第八項から第十項までの規定は、前項の規定による届出に係る共同株式移転の制限及び公正取引委員会がする第十七条の二第一項の規定による命令について準用する。この場合において、第十条第八項及び第十項中「株式の取得」とあるのは「共同株式移転」と、同条第九項中「株式の取得」とあるのは「共同株式移転」と、「が株式取得会社」とあるのは「が共同株式移転をしようとする会社のうち少なくとも一の会社」と、「、株式取得会社」とあるのは「、共同株式移転をしようとする会社」と読み替えるものとする。
第十六条　（略） ②　（略） ③　第十条第八項から第十四項までの規定は、前項の規定による届出に係る事	第十六条　（略） ②　（略） ③　第十条第八項から第十項までの規定は、前項の規定による届出に係る事業

改　正　後	改　正　前
業等の譲受けの制限及び公正取引委員会がする第十七条の二第一項の規定による命令について準用する。この場合において、第十条第八項及び第十項から第十四項までの規定中「株式の取得」とあるのは「事業又は事業上の固定資産の譲受け」と、同条第九項中「株式の取得」とあるのは「事業又は事業上の固定資産の譲受け」と、「株式取得会社」とあるのは「事業又は事業上の固定資産の譲受けをしようとする会社」と読み替えるものとする。	等の譲受けの制限及び公正取引委員会がする第十七条の二第一項の規定による命令について準用する。この場合において、第十条第八項及び第十項中「株式の取得」とあるのは「事業又は事業上の固定資産の譲受け」と、同条第九項中「株式の取得」とあるのは「事業又は事業上の固定資産の譲受け」と、「株式取得会社」とあるのは「事業又は事業上の固定資産の譲受けをしようとする会社」と読み替えるものとする。
第四十八条の二　公正取引委員会は、第三条、第六条、第八条、第九条第一項若しくは第二項、第十条第一項、第十一条第一項、第十三条、第十四条、第十五条第一項、第十五条の二第一項、第十五条の三第一項、第十六条第一項、第十七条又は第十九条の規定に違反する事実があると思料する場合において、その疑いの理由となつた行為について、公正かつ自由な競争の促進を図る上で必要があると認めるときは、当該行為をしている者に対し、次に掲げる事項を書面により通知することができる。ただし、第五十条第一項（第六十二条第四項において読み替えて準用する場合を含む。）の規定による通知をした後は、この限りでない。 一　当該行為の概要 二　違反する疑いのある法令の条項 三　次条第一項の規定による認定の申請をすることができる旨	（新設）
第四十八条の三　前条の規定による通知を受けた者は、疑いの理由となつた行為を排除するために必要な措置を自ら策定し、実施しようとするときは、公正取引委員会規則で定めるところによ	（新設）

改　正　後	改　正　前
り、その実施しようとする措置（以下この条から第四十八条の五までにおいて「排除措置」という。）に関する計画（以下この条及び第四十八条の五において「排除措置計画」という。）を作成し、これを当該通知の日から六十日以内に公正取引委員会に提出して、その認定を申請することができる。 ② 排除措置計画には、次に掲げる事項を記載しなければならない。 一 排除措置の内容 二 排除措置の実施期限 三 その他公正取引委員会規則で定める事項 ③ 公正取引委員会は、第一項の規定による認定の申請があつた場合において、その排除措置計画が次の各号のいずれにも適合すると認めるときは、その認定をするものとする。 一 排除措置が疑いの理由となつた行為を排除するために十分なものであること。 二 排除措置が確実に実施されると見込まれるものであること。 ④ 前項の認定は、文書によつて行い、認定書には、委員長及び第六十五条第一項の規定による合議に出席した委員がこれに記名押印しなければならない。 ⑤ 第三項の認定は、その名宛人に認定書の謄本を送達することによつて、その効力を生ずる。 ⑥ 公正取引委員会は、第一項の規定による認定の申請があつた場合において、その排除措置計画が第三項各号のいずれかに適合しないと認めるときは、決定でこれを却下しなければならない。 ⑦ 第四項及び第五項の規定は、前項の規定による決定について準用する。こ	

改正後	改正前
の場合において、第四項及び第五項中「認定書」とあるのは、「決定書」と読み替えるものとする。 ⑧　第三項の認定を受けた者は、当該認定に係る排除措置計画を変更しようとするときは、公正取引委員会規則で定めるところにより、公正取引委員会の認定を受けなければならない。 ⑨　第三項から第七項までの規定は、前項の規定による変更の認定について準用する。	
第四十八条の四　第七条第一項及び第二項（第八条の二第二項及び第二十条第二項において準用する場合を含む。）、第七条の二第一項（同条第二項及び第八条の三において読み替えて準用する場合を含む。）及び第四項、第八条の二第一項及び第三項、第十七条の二、第二十条第一項並びに第二十条の二から第二十条の六までの規定は、公正取引委員会が前条第三項の認定（同条第八項の規定による変更の認定を含む。次条、第六十五条、第六十八条第一項及び第七十六条第二項において同じ。）をした場合において、当該認定に係る疑いの理由となつた行為及び排除措置に係る行為については、適用しない。ただし、次条第一項の規定による決定があつた場合は、この限りでない。	（新設）
第四十八条の五　公正取引委員会は、次の各号のいずれかに該当するときは、決定で、第四十八条の三第三項の認定を取り消さなければならない。 一　第四十八条の三第三項の認定を受けた排除措置計画に従つて排除措置が実施されていないと認めるとき。 二　第四十八条の三第三項の認定を受けた者が虚偽又は不正の事実に基づ	（新設）

改　正　後	改　正　前
いて当該認定を受けたことが判明したとき。 ② 第四十八条の三第四項及び第五項の規定は、前項の規定による決定について準用する。この場合において、同条第四項及び第五項中「認定書」とあるのは、「決定書」と読み替えるものとする。 ③ 第一項の規定による第四十八条の三第三項の認定の取消しがあつた場合において、当該取消しが第七条第二項ただし書（第八条の二第二項及び第二十条第二項において準用する場合を含む。以下この項において同じ。）に規定する期間の満了する日の二年前の日以後にあつたときは、当該認定に係る疑いの理由となつた行為に対する第七条第二項（第八条の二第二項及び第二十条第二項において準用する場合を含む。）又は第八条の二第三項の規定による命令は、第七条第二項ただし書の規定にかかわらず、当該取消しの決定の日から二年間においても、することができる。 ④ 前項の規定は、第七条の二第一項（同条第二項及び第八条の三において読み替えて準用する場合を含む。）若しくは第四項又は第二十条の二から第二十条の六までの規定による命令について準用する。この場合において、前項中「第七条第二項ただし書（第八条の二第二項及び第二十条第二項において」とあるのは「第七条の二第二十七項（第八条の三及び第二十条の七において読み替えて」と、「、第七条第二項ただし書」とあるのは「、第七条の二第二十七項」と読み替えるものとする。	
第四十八条の六　公正取引委員会は、第三条、第六条、第八条又は第十九条の	（新設）

改　正　後	改　正　前
規定に違反する疑いの理由となつた行為が既になくなつている場合においても、公正かつ自由な競争の促進を図る上で特に必要があると認めるときは、第一号に掲げる者に対し、第二号に掲げる事項を書面により通知することができる。ただし、第五十条第一項（第六十二条第四項において読み替えて準用する場合を含む。）の規定による通知をした後は、この限りでない。 一　次に掲げる者 イ　疑いの理由となつた行為をした者 ロ　疑いの理由となつた行為をした者が法人である場合において、当該法人が合併により消滅したときにおける合併後存続し、又は合併により設立された法人 ハ　疑いの理由となつた行為をした者が法人である場合において、当該法人から分割により当該行為に係る事業の全部又は一部を承継した法人 ニ　疑いの理由となつた行為をした者から当該行為に係る事業の全部又は一部を譲り受けた者 二　次に掲げる事項 イ　疑いの理由となつた行為の概要 ロ　違反する疑いのあつた法令の条項 ハ　次条第一項の規定による認定の申請をすることができる旨	
第四十八条の七　前条の規定による通知を受けた者は、疑いの理由となつた行為が排除されたことを確保するために必要な措置を自ら策定し、実施しようとするときは、公正取引委員会規則で定めるところにより、その実施しようとする措置（以下この条から第四十八	（新設）

改　正　後	改　正　前
条の九までにおいて「排除確保措置」という。）に関する計画（以下この条及び第四十八条の九において「排除確保措置計画」という。）を作成し、これを当該通知の日から六十日以内に公正取引委員会に提出して、その認定を申請することができる。 ② 排除確保措置計画には、次に掲げる事項を記載しなければならない。 一 排除確保措置の内容 二 排除確保措置の実施期限 三 その他公正取引委員会規則で定める事項 ③ 公正取引委員会は、第一項の規定による認定の申請があつた場合において、その排除確保措置計画が次の各号のいずれにも適合すると認めるときは、その認定をするものとする。 一 排除確保措置が疑いの理由となつた行為が排除されたことを確保するために十分なものであること。 二 排除確保措置が確実に実施されると見込まれるものであること。 ④ 第四十八条の三第四項及び第五項の規定は、前項の規定による認定について準用する。 ⑤ 公正取引委員会は、第一項の規定による認定の申請があつた場合において、その排除確保措置計画が第三項各号のいずれかに適合しないと認めるときは、決定でこれを却下しなければならない。 ⑥ 第四十八条の三第四項及び第五項の規定は、前項の規定による決定について準用する。この場合において、同条第四項及び第五項中「認定書」とあるのは、「決定書」と読み替えるものとする。 ⑦ 第三項の認定を受けた者は、当該認定に係る排除確保措置計画を変更しよ	

改正後	改正前
うとするときは、公正取引委員会規則で定めるところにより、公正取引委員会の認定を受けなければならない。 ⑧　第三項から第六項までの規定は、前項の規定による変更の認定について準用する。	
第四十八条の八　第七条第一項及び第二項（第八条の二第二項及び第二十条第二項において準用する場合を含む。）、第七条の二第一項（同条第二項及び第八条の三において読み替えて準用する場合を含む。）及び第四項、第八条の二第一項及び第三項、第二十条第一項並びに第二十条の二から第二十条の六までの規定は、公正取引委員会が前条第三項の認定（同条第七項の規定による変更の認定を含む。次条、第六十五条、第六十八条第二項及び第七十六条第二項において同じ。）をした場合において、当該認定に係る疑いの理由となつた行為及び排除確保措置に係る行為については、適用しない。ただし、次条第一項の規定による決定があつた場合は、この限りでない。	（新設）
第四十八条の九　公正取引委員会は、次の各号のいずれかに該当するときは、決定で、第四十八条の七第三項の認定を取り消さなければならない。 一　第四十八条の七第三項の認定を受けた排除確保措置計画に従つて排除確保措置が実施されていないと認めるとき。 二　第四十八条の七第三項の認定を受けた者が虚偽又は不正の事実に基づいて当該認定を受けたことが判明したとき。 ②　第四十八条の三第四項及び第五項の規定は、前項の規定による決定につい	（新設）

改 正 後	改 正 前
て準用する。この場合において、同条第四項及び第五項中「認定書」とあるのは、「決定書」と読み替えるものとする。 ③ 第一項の規定による第四十八条の七第三項の認定の取消しがあつた場合において、当該取消しが第七条第二項ただし書（第八条の二第二項及び第二十条第二項において準用する場合を含む。以下この項において同じ。）に規定する期間の満了する日の二年前の日以後にあつたときは、当該認定に係る疑いの理由となつた行為に対する第七条第二項（第八条の二第二項及び第二十条第二項において準用する場合を含む。）又は第八条の二第三項の規定による命令は、第七条第二項ただし書の規定にかかわらず、当該取消しの決定の日から二年間においても、することができる。 ④ 前項の規定は、第七条の二第一項（同条第二項及び第八条の三において読み替えて準用する場合を含む。）若しくは第四項又は第二十条の二から第二十条の六までの規定による命令について準用する。この場合において、前項中「第七条第二項ただし書（第八条の二第二項及び第二十条第二項において」とあるのは「第七条の二第二十七項（第八条の三及び第二十条の七において読み替えて」と、「、第七条第二項ただし書」とあるのは「、第七条の二第二十七項」と読み替えるものとする。	
第五十一条 前条第一項の規定による通知を受けた者（以下この節において「当事者」という。）は、代理人を選任することができる。 ② （略）	第五十一条 前条第一項の規定による通知を受けた者（以下「当事者」という。）は、代理人を選任することができる。 ② （略）

改　正　後	改　正　前
第六十五条　排除措置命令、納付命令、競争回復措置命令、第四十八条の三第三項の認定及び第四十八条の七第三項の認定並びにこの節の規定による決定（第七十条第二項に規定する支払決定を除く。以下同じ。）は、委員長及び委員の合議によらなければならない。	第六十五条　排除措置命令、納付命令及び競争回復措置命令並びにこの節の規定による決定（第七十条第二項に規定する支払決定を除く。以下同じ。）は、委員長及び委員の合議によらなければならない。
②・③　（略）	②・③　（略）
第六十八条　公正取引委員会は、第四十八条の三第三項の認定をした後においても、特に必要があるときは、第四十七条の規定により、第四十八条の五第一項各号のいずれかに該当しているかどうかを確かめるために必要な処分をし、又はその職員をして処分をさせることができる。	第六十八条　（新設）
②　公正取引委員会は、第四十八条の七第三項の認定をした後においても、特に必要があるときは、第四十七条の規定により、第四十八条の九第一項各号のいずれかに該当しているかどうかを確かめるために必要な処分をし、又はその職員をして処分をさせることができる。	（新設）
③　（略）	①　（略）
第七十条の十一　公正取引委員会がする排除措置命令、納付命令、競争回復措置命令及び第七十条の二第一項に規定する認可の申請に係る処分並びにこの節の規定による認定、決定その他の処分（第四十七条第二項の規定によつて審査官がする処分及びこの節の規定によつて指定職員がする処分を含む。）については、行政手続法（平成五年法律第八十八号）第二章及び第三章の規定は、適用しない。	第七十条の十一　公正取引委員会がする排除措置命令、納付命令、競争回復措置命令及び第七十条の二第一項に規定する認可の申請に係る処分並びにこの節の規定による決定その他の処分（第四十七条第二項の規定によつて審査官がする処分及びこの節の規定によつて指定職員がする処分を含む。）については、行政手続法（平成五年法律第八十八号）第二章及び第三章の規定は、適用しない。
第七十条の十二　公正取引委員会の排除	第七十条の十二　公正取引委員会の排除

改 正 後	改 正 前
措置命令、納付命令及び競争回復措置命令並びにこの節の規定による認定、決定その他の処分（第四十七条第二項の規定による審査官の処分及びこの節の規定による指定職員の処分を含む。）又はその不作為については、審査請求をすることができない。	措置命令、納付命令及び競争回復措置命令並びにこの節の規定による決定その他の処分（第四十七条第二項の規定による審査官の処分及びこの節の規定による指定職員の処分を含む。）又はその不作為については、審査請求をすることができない。
第七十六条 （略） ② 前項の規定により事件の処理手続について規則を定めるに当たつては、排除措置命令、納付命令、競争回復措置命令、第四十八条の三第三項の認定及び第四十八条の七第三項の認定並びに前節の規定による決定（以下「排除措置命令等」という。）の名宛人となるべき者が自己の主張を陳述し、及び立証するための機会が十分に確保されること等当該手続の適正の確保が図られるよう留意しなければならない。	第七十六条 （略） ② 前項の規定により事件の処理手続について規則を定めるに当たつては、排除措置命令、納付命令及び競争回復措置命令並びに前節の規定による決定（以下「排除措置命令等」という。）の名宛人となるべき者が自己の主張を陳述し、及び立証するための機会が十分に確保されること等当該手続の適正の確保が図られるよう留意しなければならない。

2　水産業協同組合法（昭和二十三年法律第二百四十二号）（附則第十一条関係）

（傍線部分は改正部分）

改　正　後	改　正　前
第九十五条の四　前条の場合については、私的独占禁止法第四十条から第四十二条まで、第四十五条、第四十七条、第四十八条、第四十九条から第六十一条まで、第六十五条第一項及び第二項、第六十六条、第六十七条、第六十八条第三項、第七十条の三第三項及び第四項、第七十条の六、第七十条の七、第七十条の九から第七十条の十二まで、第七十五条から第七十七条まで、第八十五条（第一号に係る部分に限る。）、第八十六条、第八十七条並びに第八十八条の規定を準用する。	第九十五条の四　前条の場合については、私的独占禁止法第四十条から第四十二条まで、第四十五条、第四十七条から第六十一条まで、第六十五条第一項及び第二項、第六十六条から第六十八条まで、第七十条の三第三項及び第四項、第七十条の六、第七十条の七、第七十条の九から第七十条の十二まで、第七十五条から第七十七条まで、第八十五条（第一号に係る部分に限る。）、第八十六条、第八十七条並びに第八十八条の規定を準用する。

3　中小企業等協同組合法（昭和二十四年法律第百八十一号）（附則第十一条関係）

（傍線部分は改正部分）

改　正　後	改　正　前
第百八条　前条の場合については、私的独占禁止法第四十条から第四十二条まで（公正取引委員会の権限）、第四十五条、第四十七条、第四十八条、第四十九条から第六十一条まで、第六十五条第一項及び第二項、第六十六条、第六十七条、第六十八条第三項、第七十条の三第三項及び第四項、第七十条の六、第七十条の七、第七十条の九から第七十条の十二まで（事実の報告、事件の調査、排除措置命令その他事件処理の手続）、第七十五条、第七十六条（雑則）、第七十七条、第八十五条（第一号に係る部分に限る。）、第八十六条、第八十七条並びに第八十八条（訴訟）の規定を準用する。	第百八条　前条の場合については、私的独占禁止法第四十条から第四十二条まで（公正取引委員会の権限）、第四十五条、第四十七条から第六十一条まで、第六十五条第一項及び第二項、第六十六条から第六十八条まで、第七十条の三第三項及び第四項、第七十条の六、第七十条の七、第七十条の九から第七十条の十二まで（事実の報告、事件の調査、排除措置命令その他事件処理の手続）、第七十五条、第七十六条（雑則）、第七十七条、第八十五条（第一号に係る部分に限る。）、第八十六条、第八十七条並びに第八十八条（訴訟）の規定を準用する。

資料1-2　独占禁止法　読替表（環太平洋パートナーシップ協定の締結及び環太平洋パートナーシップに関する包括的及び先進的な協定の締結に伴う関係法律の整備に関する法律による改正関係）

1　会社が合併をしようとする場合における第十五条第三項の規定により読み替えて準用する第十条第八項から第十四項までの規定

（傍線部分は読替部分、波線部分は当然読替部分）

読　替　後	読　替　前
⑧　第十五条第二項の規定による届出を行つた会社は、届出受理の日から三十日を経過するまでは、当該届出に係る合併をしてはならない。ただし、公正取引委員会は、その必要があると認める場合には、当該期間を短縮することができる。 ⑨　公正取引委員会は、第十七条の二第一項の規定により当該届出に係る合併に関し必要な措置を命じようとする場合には、前項本文に規定する三十日の期間又は同項ただし書の規定により短縮された期間（公正取引委員会が合併会社のうち少なくとも一の会社に対してそれぞれの期間内に公正取引委員会規則で定めるところにより必要な報告、情報又は資料の提出（以下この項において「報告等」という。）を求めた場合においては、前項の届出受理の日から百二十日を経過した日と全ての報告等を受理した日から九十日を経過した日とのいずれか遅い日までの期間）（以下この条において「通知期間」という。）内に、合併会社に対し、第五十条第一項の規定による通知をしなければならない。ただし、次に掲げる場合は、この限りでない。 一　当該届出に係る合併に関する計画のうち、第一項の規定に照らして重要な事項が当該計画において行われることとされている期限までに行わ	⑧　第二項の規定による届出を行つた会社は、届出受理の日から三十日を経過するまでは、当該届出に係る株式の取得をしてはならない。ただし、公正取引委員会は、その必要があると認める場合には、当該期間を短縮することができる。 ⑨　公正取引委員会は、第十七条の二第一項の規定により当該届出に係る株式の取得に関し必要な措置を命じようとする場合には、前項本文に規定する三十日の期間又は同項ただし書の規定により短縮された期間（公正取引委員会が株式取得会社に対してそれぞれの期間内に公正取引委員会規則で定めるところにより必要な報告、情報又は資料の提出（以下この項において「報告等」という。）を求めた場合においては、前項の届出受理の日から百二十日を経過した日と全ての報告等を受理した日から九十日を経過した日とのいずれか遅い日までの期間）（以下この条において「通知期間」という。）内に、株式取得会社に対し、第五十条第一項の規定による通知をしなければならない。ただし、次に掲げる場合は、この限りでない。 一　当該届出に係る株式の取得に関する計画のうち、第一項の規定に照らして重要な事項が当該計画において行われることとされている期限まで

読替後	読替前
れなかつた場合	に行われなかつた場合
二　当該届出に係る合併に関する計画のうち、重要な事項につき虚偽の記載があつた場合	二　当該届出に係る株式の取得に関する計画のうち、重要な事項につき虚偽の記載があつた場合
三　当該届出に係る合併に関し、第四十八条の二の規定による通知をした場合において、第四十八条の三第一項に規定する期間内に、同項の規定による認定の申請がなかつたとき。	三　当該届出に係る株式の取得に関し、第四十八条の二の規定による通知をした場合において、第四十八条の三第一項に規定する期間内に、同項の規定による認定の申請がなかつたとき。
四　当該届出に係る合併に関し、第四十八条の二の規定による通知をした場合において、第四十八条の三第一項の規定による認定の申請に係る取下げがあつたとき。	四　当該届出に係る株式の取得に関し、第四十八条の二の規定による通知をした場合において、第四十八条の三第一項の規定による認定の申請に係る取下げがあつたとき。
五　当該届出に係る合併に関し、第四十八条の二の規定による通知をした場合において、第四十八条の三第一項の規定による認定の申請について同条第六項の規定による決定があつたとき。	五　当該届出に係る株式の取得に関し、第四十八条の二の規定による通知をした場合において、第四十八条の三第一項の規定による認定の申請について同条第六項の規定による決定があつたとき。
六　当該届出に係る合併に関し、第四十八条の五第一項（第一号に係る部分に限る。）の規定による第四十八条の三第三項の認定（同条第八項の規定による変更の認定を含む。）の取消しがあつた場合	六　当該届出に係る株式の取得に関し、第四十八条の五第一項（第一号に係る部分に限る。）の規定による第四十八条の三第三項の認定（同条第八項の規定による変更の認定を含む。）の取消しがあつた場合
七　当該届出に係る合併に関し、第四十八条の五第一項（第二号に係る部分に限る。）の規定による第四十八条の三第三項の認定（同条第八項の規定による変更の認定を含む。）の取消しがあつた場合	七　当該届出に係る株式の取得に関し、第四十八条の五第一項（第二号に係る部分に限る。）の規定による第四十八条の三第三項の認定（同条第八項の規定による変更の認定を含む。）の取消しがあつた場合
⑩　前項第一号の規定に該当する場合において、公正取引委員会は、第十七条の二第一項の規定により当該届出に係る合併に関し必要な措置を命じようとするときは、同号の期限から起算して一年以内に前項本文の通知をしなければならない。	⑩　前項第一号の規定に該当する場合において、公正取引委員会は、第十七条の二第一項の規定により当該届出に係る株式の取得に関し必要な措置を命じようとするときは、同号の期限から起算して一年以内に前項本文の通知をしなければならない。

読替後	読替前
⑪ 第九項第三号の規定に該当する場合において、公正取引委員会は、第十七条の二第一項の規定により当該届出に係る合併に関し必要な措置を命じようとするときは、通知期間に六十日を加算した期間内に、第九項本文の通知をしなければならない。	⑪ 第九項第三号の規定に該当する場合において、公正取引委員会は、第十七条の二第一項の規定により当該届出に係る株式の取得に関し必要な措置を命じようとするときは、通知期間に六十日を加算した期間内に、第九項本文の通知をしなければならない。
⑫ 第九項第四号の規定に該当する場合において、公正取引委員会は、第十七条の二第一項の規定により当該届出に係る合併に関し必要な措置を命じようとするときは、通知期間に第四十八条の二の規定による通知の日から同号の取下げがあつた日までの期間に相当する期間を加算した期間内に、第九項本文の通知をしなければならない。	⑫ 第九項第四号の規定に該当する場合において、公正取引委員会は、第十七条の二第一項の規定により当該届出に係る株式の取得に関し必要な措置を命じようとするときは、通知期間に第四十八条の二の規定による通知の日から同号の取下げがあつた日までの期間に相当する期間を加算した期間内に、第九項本文の通知をしなければならない。
⑬ 第九項第五号の規定に該当する場合において、公正取引委員会は、第十七条の二第一項の規定により当該届出に係る合併に関し必要な措置を命じようとするときは、通知期間に九十日を加算した期間内に、第九項本文の通知をしなければならない。	⑬ 第九項第五号の規定に該当する場合において、公正取引委員会は、第十七条の二第一項の規定により当該届出に係る株式の取得に関し必要な措置を命じようとするときは、通知期間に九十日を加算した期間内に、第九項本文の通知をしなければならない。
⑭ 第九項第六号の規定に該当する場合において、公正取引委員会は、第十七条の二第一項の規定により当該届出に係る合併に関し必要な措置を命じようとするときは、第四十八条の五第一項の規定による決定の日から起算して一年以内に第九項本文の通知をしなければならない。	⑭ 第九項第六号の規定に該当する場合において、公正取引委員会は、第十七条の二第一項の規定により当該届出に係る株式の取得に関し必要な措置を命じようとするときは、第四十八条の五第一項の規定による決定の日から起算して一年以内に第九項本文の通知をしなければならない。

2　会社が共同新設分割又は吸収分割をしようとする場合における第十五条の二第四項の規定により読み替えて準用する第十条第八項から第十四項までの規定

（傍線部分は読替部分、波線部分は当然読替部分）

読替後	読替前
⑧　第十五条の二第二項又は第三項の規定による届出を行つた会社は、届出受理の日から三十日を経過するまでは、当該届出に係る共同新設分割又は吸収分割をしてはならない。ただし、公正取引委員会は、その必要があると認める場合には、当該期間を短縮することができる。	⑧　第二項の規定による届出を行つた会社は、届出受理の日から三十日を経過するまでは、当該届出に係る株式の取得をしてはならない。ただし、公正取引委員会は、その必要があると認める場合には、当該期間を短縮することができる。
⑨　公正取引委員会は、第十七条の二第一項の規定により当該届出に係る共同新設分割又は吸収分割に関し必要な措置を命じようとする場合には、前項本文に規定する三十日の期間又は同項ただし書の規定により短縮された期間（公正取引委員会が共同新設分割をしようとし、又は吸収分割をしようとする会社のうち少なくとも一の会社に対してそれぞれの期間内に公正取引委員会規則で定めるところにより必要な報告、情報又は資料の提出（以下この項において「報告等」という。）を求めた場合においては、前項の届出受理の日から百二十日を経過した日と全ての報告等を受理した日から九十日を経過した日とのいずれか遅い日までの期間）（以下この条において「通知期間」という。）内に、共同新設分割をしようとし、又は吸収分割をしようとする会社に対し、第五十条第一項の規定による通知をしなければならない。ただし、次に掲げる場合は、この限りでない。	⑨　公正取引委員会は、第十七条の二第一項の規定により当該届出に係る株式の取得に関し必要な措置を命じようとする場合には、前項本文に規定する三十日の期間又は同項ただし書の規定により短縮された期間（公正取引委員会が株式取得会社に対してそれぞれの期間内に公正取引委員会規則で定めるところにより必要な報告、情報又は資料の提出（以下この項において「報告等」という。）を求めた場合においては、前項の届出受理の日から百二十日を経過した日と全ての報告等を受理した日から九十日を経過した日とのいずれか遅い日までの期間）（以下この条において「通知期間」という。）内に、株式取得会社に対し、第五十条第一項の規定による通知をしなければならない。ただし、次に掲げる場合は、この限りでない。
一　当該届出に係る共同新設分割又は吸収分割に関する計画のうち、第一項の規定に照らして重要な事項が当該計画において行われることとされている期限までに行われなかつた場	一　当該届出に係る株式の取得に関する計画のうち、第一項の規定に照らして重要な事項が当該計画において行われることとされている期限までに行われなかつた場合

読替後	読替前
合	
二　当該届出に係る共同新設分割又は吸収分割に関する計画のうち、重要な事項につき虚偽の記載があつた場合	二　当該届出に係る株式の取得に関する計画のうち、重要な事項につき虚偽の記載があつた場合
三　当該届出に係る共同新設分割又は吸収分割に関し、第四十八条の二の規定による通知をした場合において、第四十八条の三第一項に規定する期間内に、同項の規定による認定の申請がなかつたとき。	三　当該届出に係る株式の取得に関し、第四十八条の二の規定による通知をした場合において、第四十八条の三第一項に規定する期間内に、同項の規定による認定の申請がなかつたとき。
四　当該届出に係る共同新設分割又は吸収分割に関し、第四十八条の二の規定による通知をした場合において、第四十八条の三第一項の規定による認定の申請に係る取下げがあつたとき。	四　当該届出に係る株式の取得に関し、第四十八条の二の規定による通知をした場合において、第四十八条の三第一項の規定による認定の申請に係る取下げがあつたとき。
五　当該届出に係る共同新設分割又は吸収分割に関し、第四十八条の二の規定による通知をした場合において、第四十八条の三第一項の規定による認定の申請について同条第六項の規定による決定があつたとき。	五　当該届出に係る株式の取得に関し、第四十八条の二の規定による通知をした場合において、第四十八条の三第一項の規定による認定の申請について同条第六項の規定による決定があつたとき。
六　当該届出に係る共同新設分割又は吸収分割に関し、第四十八条の五第一項（第一号に係る部分に限る。）の規定による第四十八条の三第三項の認定（同条第八項の規定による変更の認定を含む。）の取消しがあつた場合	六　当該届出に係る株式の取得に関し、第四十八条の五第一項（第一号に係る部分に限る。）の規定による第四十八条の三第三項の認定（同条第八項の規定による変更の認定を含む。）の取消しがあつた場合
七　当該届出に係る共同新設分割又は吸収分割に関し、第四十八条の五第一項（第二号に係る部分に限る。）の規定による第四十八条の三第三項の認定（同条第八項の規定による変更の認定を含む。）の取消しがあつた場合	七　当該届出に係る株式の取得に関し、第四十八条の五第一項（第二号に係る部分に限る。）の規定による第四十八条の三第三項の認定（同条第八項の規定による変更の認定を含む。）の取消しがあつた場合
⑩　前項第一号の規定に該当する場合において、公正取引委員会は、第十七条の二第一項の規定により当該届出に係	⑩　前項第一号の規定に該当する場合において、公正取引委員会は、第十七条の二第一項の規定により当該届出に係

読替後	読替前
る共同新設分割又は吸収分割に関し必要な措置を命じようとするときは、同号の期限から起算して一年以内に前項本文の通知をしなければならない。	る株式の取得に関し必要な措置を命じようとするときは、同号の期限から起算して一年以内に前項本文の通知をしなければならない。
⑪　第九項第三号の規定に該当する場合において、公正取引委員会は、第十七条の二第一項の規定により当該届出に係る共同新設分割又は吸収分割に関し必要な措置を命じようとするときは、通知期間に六十日を加算した期間内に、第九項本文の通知をしなければならない。	⑪　第九項第三号の規定に該当する場合において、公正取引委員会は、第十七条の二第一項の規定により当該届出に係る株式の取得に関し必要な措置を命じようとするときは、通知期間に六十日を加算した期間内に、第九項本文の通知をしなければならない。
⑫　第九項第四号の規定に該当する場合において、公正取引委員会は、第十七条の二第一項の規定により当該届出に係る共同新設分割又は吸収分割に関し必要な措置を命じようとするときは、通知期間に第四十八条の二の規定による通知の日から同号の取下げがあつた日までの期間に相当する期間を加算した期間内に、第九項本文の通知をしなければならない。	⑫　第九項第四号の規定に該当する場合において、公正取引委員会は、第十七条の二第一項の規定により当該届出に係る株式の取得に関し必要な措置を命じようとするときは、通知期間に第四十八条の二の規定による通知の日から同号の取下げがあつた日までの期間に相当する期間を加算した期間内に、第九項本文の通知をしなければならない。
⑬　第九項第五号の規定に該当する場合において、公正取引委員会は、第十七条の二第一項の規定により当該届出に係る共同新設分割又は吸収分割に関し必要な措置を命じようとするときは、通知期間に九十日を加算した期間内に、第九項本文の通知をしなければならない。	⑬　第九項第五号の規定に該当する場合において、公正取引委員会は、第十七条の二第一項の規定により当該届出に係る株式の取得に関し必要な措置を命じようとするときは、通知期間に九十日を加算した期間内に、第九項本文の通知をしなければならない。
⑭　第九項第六号の規定に該当する場合において、公正取引委員会は、第十七条の二第一項の規定により当該届出に係る共同新設分割又は吸収分割に関し必要な措置を命じようとするときは、第四十八条の五第一項の規定による決定の日から起算して一年以内に第九項本文の通知をしなければならない。	⑭　第九項第六号の規定に該当する場合において、公正取引委員会は、第十七条の二第一項の規定により当該届出に係る株式の取得に関し必要な措置を命じようとするときは、第四十八条の五第一項の規定による決定の日から起算して一年以内に第九項本文の通知をしなければならない。

3　会社が共同株式移転をしようとする場合における第十五条の三第三項の規定により読み替えて準用する第十条第八項から第十四項までの規定

（傍線部分は読替部分、波線部分は当然読替部分）

読　替　後	読　替　前
⑧　第十五条の三第二項の規定による届出を行つた会社は、届出受理の日から三十日を経過するまでは、当該届出に係る共同株式移転をしてはならない。ただし、公正取引委員会は、その必要があると認める場合には、当該期間を短縮することができる。	⑧　第二項の規定による届出を行つた会社は、届出受理の日から三十日を経過するまでは、当該届出に係る株式の取得をしてはならない。ただし、公正取引委員会は、その必要があると認める場合には、当該期間を短縮することができる。
⑨　公正取引委員会は、第十七条の二第一項の規定により当該届出に係る共同株式移転に関し必要な措置を命じようとする場合には、前項本文に規定する三十日の期間又は同項ただし書の規定により短縮された期間（公正取引委員会が共同株式移転をしようとする会社のうち少なくとも一の会社に対してそれぞれの期間内に公正取引委員会規則で定めるところにより必要な報告、情報又は資料の提出（以下この項において「報告等」という。）を求めた場合においては、前項の届出受理の日から百二十日を経過した日と全ての報告等を受理した日から九十日を経過した日とのいずれか遅い日までの期間）（以下この条において「通知期間」という。）内に、共同株式移転をしようとする会社に対し、第五十条第一項の規定による通知をしなければならない。ただし、次に掲げる場合は、この限りでない。	⑨　公正取引委員会は、第十七条の二第一項の規定により当該届出に係る株式の取得に関し必要な措置を命じようとする場合には、前項本文に規定する三十日の期間又は同項ただし書の規定により短縮された期間（公正取引委員会が株式取得会社に対してそれぞれの期間内に公正取引委員会規則で定めるところにより必要な報告、情報又は資料の提出（以下この項において「報告等」という。）を求めた場合においては、前項の届出受理の日から百二十日を経過した日と全ての報告等を受理した日から九十日を経過した日とのいずれか遅い日までの期間）（以下この条において「通知期間」という。）内に、株式取得会社に対し、第五十条第一項の規定による通知をしなければならない。ただし、次に掲げる場合は、この限りでない。
一　当該届出に係る共同株式移転に関する計画のうち、第一項の規定に照らして重要な事項が当該計画において行われることとされている期限までに行われなかつた場合	一　当該届出に係る株式の取得に関する計画のうち、第一項の規定に照らして重要な事項が当該計画において行われることとされている期限までに行われなかつた場合
二　当該届出に係る共同株式移転に関する計画のうち、重要な事項につき虚偽の記載があつた場合	二　当該届出に係る株式の取得に関する計画のうち、重要な事項につき虚偽の記載があつた場合

読替後	読替前
三　当該届出に係る共同株式移転に関し、第四十八条の二の規定による通知をした場合において、第四十八条の三第一項に規定する期間内に、同項の規定による認定の申請がなかつたとき。	三　当該届出に係る株式の取得に関し、第四十八条の二の規定による通知をした場合において、第四十八条の三第一項に規定する期間内に、同項の規定による認定の申請がなかつたとき。
四　当該届出に係る共同株式移転に関し、第四十八条の二の規定による通知をした場合において、第四十八条の三第一項の規定による認定の申請に係る取下げがあつたとき。	四　当該届出に係る株式の取得に関し、第四十八条の二の規定による通知をした場合において、第四十八条の三第一項の規定による認定の申請に係る取下げがあつたとき。
五　当該届出に係る共同株式移転に関し、第四十八条の二の規定による通知をした場合において、第四十八条の三第一項の規定による認定の申請について同条第六項の規定による決定があつたとき。	五　当該届出に係る株式の取得に関し、第四十八条の二の規定による通知をした場合において、第四十八条の三第一項の規定による認定の申請について同条第六項の規定による決定があつたとき。
六　当該届出に係る共同株式移転に関し、第四十八条の五第一項（第一号に係る部分に限る。）の規定による第四十八条の三第三項の認定（同条第八項の規定による変更の認定を含む。）の取消しがあつた場合	六　当該届出に係る株式の取得に関し、第四十八条の五第一項（第一号に係る部分に限る。）の規定による第四十八条の三第三項の認定（同条第八項の規定による変更の認定を含む。）の取消しがあつた場合
七　当該届出に係る共同株式移転に関し、第四十八条の五第一項（第二号に係る部分に限る。）の規定による第四十八条の三第三項の認定（同条第八項の規定による変更の認定を含む。）の取消しがあつた場合	七　当該届出に係る株式の取得に関し、第四十八条の五第一項（第二号に係る部分に限る。）の規定による第四十八条の三第三項の認定（同条第八項の規定による変更の認定を含む。）の取消しがあつた場合
⑩　前項第一号の規定に該当する場合において、公正取引委員会は、第十七条の二第一項の規定により当該届出に係る共同株式移転に関し必要な措置を命じようとするときは、同号の期限から起算して一年以内に前項本文の通知をしなければならない。	⑩　前項第一号の規定に該当する場合において、公正取引委員会は、第十七条の二第一項の規定により当該届出に係る株式の取得に関し必要な措置を命じようとするときは、同号の期限から起算して一年以内に前項本文の通知をしなければならない。
⑪　第九項第三号の規定に該当する場合において、公正取引委員会は、第十七条の二第一項の規定により当該届出に係る共同株式移転に関し必要な措置を	⑪　第九項第三号の規定に該当する場合において、公正取引委員会は、第十七条の二第一項の規定により当該届出に係る株式の取得に関し必要な措置を命

読替後	読替前
命じようとするときは、通知期間に六十日を加算した期間内に、第九項本文の通知をしなければならない。	じようとするときは、通知期間に六十日を加算した期間内に、第九項本文の通知をしなければならない。
⑫　第九項第四号の規定に該当する場合において、公正取引委員会は、第十七条の二第一項の規定により当該届出に係る共同株式移転に関し必要な措置を命じようとするときは、通知期間に第四十八条の二の規定による通知の日から同号の取下げがあつた日までの期間に相当する期間を加算した期間内に、第九項本文の通知をしなければならない。	⑫　第九項第四号の規定に該当する場合において、公正取引委員会は、第十七条の二第一項の規定により当該届出に係る株式の取得に関し必要な措置を命じようとするときは、通知期間に第四十八条の二の規定による通知の日から同号の取下げがあつた日までの期間に相当する期間を加算した期間内に、第九項本文の通知をしなければならない。
⑬　第九項第五号の規定に該当する場合において、公正取引委員会は、第十七条の二第一項の規定により当該届出に係る共同株式移転に関し必要な措置を命じようとするときは、通知期間に九十日を加算した期間内に、第九項本文の通知をしなければならない。	⑬　第九項第五号の規定に該当する場合において、公正取引委員会は、第十七条の二第一項の規定により当該届出に係る株式の取得に関し必要な措置を命じようとするときは、通知期間に九十日を加算した期間内に、第九項本文の通知をしなければならない。
⑭　第九項第六号の規定に該当する場合において、公正取引委員会は、第十七条の二第一項の規定により当該届出に係る共同株式移転に関し必要な措置を命じようとするときは、第四十八条の五第一項の規定による決定の日から起算して一年以内に第九項本文の通知をしなければならない。	⑭　第九項第六号の規定に該当する場合において、公正取引委員会は、第十七条の二第一項の規定により当該届出に係る株式の取得に関し必要な措置を命じようとするときは、第四十八条の五第一項の規定による決定の日から起算して一年以内に第九項本文の通知をしなければならない。

4　会社が他の会社の事業の全部又は重要部分の譲受け等をしようとする場合における第十六条第三項の規定により読み替えて準用する第十条第八項から第十四項までの規定

（傍線部分は読替部分、波線部分は当然読替部分）

読　替　後	読　替　前
⑧　第十六条第二項の規定による届出を行つた会社は、届出受理の日から三十日を経過するまでは、当該届出に係る事業又は事業上の固定資産の譲受けをしてはならない。ただし、公正取引委員会は、その必要があると認める場合には、当該期間を短縮することができる。	⑧　第二項の規定による届出を行つた会社は、届出受理の日から三十日を経過するまでは、当該届出に係る株式の取得をしてはならない。ただし、公正取引委員会は、その必要があると認める場合には、当該期間を短縮することができる。
⑨　公正取引委員会は、第十七条の二第一項の規定により当該届出に係る事業又は事業上の固定資産の譲受けに関し必要な措置を命じようとする場合には、前項本文に規定する三十日の期間又は同項ただし書の規定により短縮された期間（公正取引委員会が事業又は事業上の固定資産の譲受けをしようとする会社に対してそれぞれの期間内に公正取引委員会規則で定めるところにより必要な報告、情報又は資料の提出（以下この項において「報告等」という。）を求めた場合においては、前項の届出受理の日から百二十日を経過した日と全ての報告等を受理した日から九十日を経過した日とのいずれか遅い日までの期間）（以下この条において「通知期間」という。）内に、事業又は事業上の固定資産の譲受けをしようとする会社に対し、第五十条第一項の規定による通知をしなければならない。ただし、次に掲げる場合は、この限りでない。	⑨　公正取引委員会は、第十七条の二第一項の規定により当該届出に係る株式の取得に関し必要な措置を命じようとする場合には、前項本文に規定する三十日の期間又は同項ただし書の規定により短縮された期間（公正取引委員会が株式取得会社に対してそれぞれの期間内に公正取引委員会規則で定めるところにより必要な報告、情報又は資料の提出（以下この項において「報告等」という。）を求めた場合においては、前項の届出受理の日から百二十日を経過した日と全ての報告等を受理した日から九十日を経過した日とのいずれか遅い日までの期間）（以下この条において「通知期間」という。）内に、株式取得会社に対し、第五十条第一項の規定による通知をしなければならない。ただし、次に掲げる場合は、この限りでない。
一　当該届出に係る事業又は事業上の固定資産の譲受けに関する計画のうち、第一項の規定に照らして重要な事項が当該計画において行われるこ	一　当該届出に係る株式の取得に関する計画のうち、第一項の規定に照らして重要な事項が当該計画において行われることとされている期限まで

読替後	読替前
ととされている期限までに行われなかつた場合	に行われなかつた場合
二　当該届出に係る事業又は事業上の固定資産の譲受けに関する計画のうち、重要な事項につき虚偽の記載があつた場合	二　当該届出に係る株式の取得に関する計画のうち、重要な事項につき虚偽の記載があつた場合
三　当該届出に係る事業又は事業上の固定資産の譲受けに関し、第四十八条の二の規定による通知をした場合において、第四十八条の三第一項に規定する期間内に、同項の規定による認定の申請がなかつたとき。	三　当該届出に係る株式の取得に関し、第四十八条の二の規定による通知をした場合において、第四十八条の三第一項に規定する期間内に、同項の規定による認定の申請がなかつたとき。
四　当該届出に係る事業又は事業上の固定資産の譲受けに関し、第四十八条の二の規定による通知をした場合において、第四十八条の三第一項の規定による認定の申請に係る取下げがあつたとき。	四　当該届出に係る株式の取得に関し、第四十八条の二の規定による通知をした場合において、第四十八条の三第一項の規定による認定の申請に係る取下げがあつたとき。
五　当該届出に係る事業又は事業上の固定資産の譲受けに関し、第四十八条の二の規定による通知をした場合において、第四十八条の三第一項の規定による認定の申請について同条第六項の規定による決定があつたとき。	五　当該届出に係る株式の取得に関し、第四十八条の二の規定による通知をした場合において、第四十八条の三第一項の規定による認定の申請について同条第六項の規定による決定があつたとき。
六　当該届出に係る事業又は事業上の固定資産の譲受けに関し、第四十八条の五第一項（第一号に係る部分に限る。）の規定による第四十八条の三第三項の認定（同条第八項の規定による変更の認定を含む。）の取消しがあつた場合	六　当該届出に係る株式の取得に関し、第四十八条の五第一項（第一号に係る部分に限る。）の規定による第四十八条の三第三項の認定（同条第八項の規定による変更の認定を含む。）の取消しがあつた場合
七　当該届出に係る事業又は事業上の固定資産の譲受けに関し、第四十八条の五第一項（第二号に係る部分に限る。）の規定による第四十八条の三第三項の認定（同条第八項の規定による変更の認定を含む。）の取消しがあつた場合	七　当該届出に係る株式の取得に関し、第四十八条の五第一項（第二号に係る部分に限る。）の規定による第四十八条の三第三項の認定（同条第八項の規定による変更の認定を含む。）の取消しがあつた場合
⑩　前項第一号の規定に該当する場合に	⑩　前項第一号の規定に該当する場合に

読　替　後	読　替　前
おいて、公正取引委員会は、第十七条の二第一項の規定により当該届出に係る事業又は事業上の固定資産の譲受けに関し必要な措置を命じようとするときは、同号の期限から起算して一年以内に前項本文の通知をしなければならない。	おいて、公正取引委員会は、第十七条の二第一項の規定により当該届出に係る株式の取得に関し必要な措置を命じようとするときは、同号の期限から起算して一年以内に前項本文の通知をしなければならない。
⑪　第九項第三号の規定に該当する場合において、公正取引委員会は、第十七条の二第一項の規定により当該届出に係る事業又は事業上の固定資産の譲受けに関し必要な措置を命じようとするときは、通知期間に六十日を加算した期間内に、第九項本文の通知をしなければならない。	⑪　第九項第三号の規定に該当する場合において、公正取引委員会は、第十七条の二第一項の規定により当該届出に係る株式の取得に関し必要な措置を命じようとするときは、通知期間に六十日を加算した期間内に、第九項本文の通知をしなければならない。
⑫　第九項第四号の規定に該当する場合において、公正取引委員会は、第十七条の二第一項の規定により当該届出に係る事業又は事業上の固定資産の譲受けに関し必要な措置を命じようとするときは、通知期間に第四十八条の二の規定による通知の日から同号の取下げがあつた日までの期間に相当する期間を加算した期間内に、第九項本文の通知をしなければならない。	⑫　第九項第四号の規定に該当する場合において、公正取引委員会は、第十七条の二第一項の規定により当該届出に係る株式の取得に関し必要な措置を命じようとするときは、通知期間に第四十八条の二の規定による通知の日から同号の取下げがあつた日までの期間に相当する期間を加算した期間内に、第九項本文の通知をしなければならない。
⑬　第九項第五号の規定に該当する場合において、公正取引委員会は、第十七条の二第一項の規定により当該届出に係る事業又は事業上の固定資産の譲受けに関し必要な措置を命じようとするときは、通知期間に九十日を加算した期間内に、第九項本文の通知をしなければならない。	⑬　第九項第五号の規定に該当する場合において、公正取引委員会は、第十七条の二第一項の規定により当該届出に係る株式の取得に関し必要な措置を命じようとするときは、通知期間に九十日を加算した期間内に、第九項本文の通知をしなければならない。
⑭　第九項第六号の規定に該当する場合において、公正取引委員会は、第十七条の二第一項の規定により当該届出に係る事業又は事業上の固定資産の譲受けに関し必要な措置を命じようとするときは、第四十八条の五第一項の規定による決定の日から起算して一年以内	⑭　第九項第六号の規定に該当する場合において、公正取引委員会は、第十七条の二第一項の規定により当該届出に係る株式の取得に関し必要な措置を命じようとするときは、第四十八条の五第一項の規定による決定の日から起算して一年以内に第九項本文の通知をし

読替後	読替前
に第九項本文の通知をしなければならない。	なければならない。

5　認定の申請を却下する場合における第四十八条の三第七項の規定により読み替えて準用する同条第四項及び第五項の規定

（傍線部分は読替部分、波線部分は当然読替部分）

読　替　後	読　替　前
④　第四十八条の三第六項の決定は、文書によつて行い、決定書には、委員長及び第六十五条第一項の規定による合議に出席した委員がこれに記名押印しなければならない。 ⑤　第四十八条の三第六項の決定は、その名宛人に決定書の謄本を送達することによつて、その効力を生ずる。	④　前項の認定は、文書によつて行い、認定書には、委員長及び第六十五条第一項の規定による合議に出席した委員がこれに記名押印しなければならない。 ⑤　第三項の認定は、その名宛人に認定書の謄本を送達することによつて、その効力を生ずる。

6　認定を取り消す場合における第四十八条の五第二項の規定により読み替えて準用する第四十八条の三第四項及び第五項の規定

（傍線部分は読替部分、波線部分は当然読替部分）

読　替　後	読　替　前
④　第四十八条の五第一項の決定は、文書によつて行い、決定書には、委員長及び第六十五条第一項の規定による合議に出席した委員がこれに記名押印しなければならない。 ⑤　第四十八条の五第一項の決定は、その名宛人に決定書の謄本を送達することによつて、その効力を生ずる。	④　前項の認定は、文書によつて行い、認定書には、委員長及び第六十五条第一項の規定による合議に出席した委員がこれに記名押印しなければならない。 ⑤　第三項の認定は、その名宛人に認定書の謄本を送達することによつて、その効力を生ずる。

7　課徴金納付命令を行う場合における第四十八条の五第四項の規定により読み替えて準用する同条第三項の規定

（傍線部分は読替部分、波線部分は当然読替部分）

読　替　後	読　替　前
③　第一項の規定による第四十八条の三第三項の認定の取消しがあつた場合において、当該取消しが第七条の二第二十七項（第八条の三及び第二十条の七において読み替えて準用する場合を含む。以下この項において同じ。）に規定する期間の満了する日の二年前の日以後にあつたときは、当該認定に係る疑いの理由となつた行為に対する第七条の二第一項（同条第二項及び第八条の三において読み替えて準用する場合を含む。）若しくは第四項又は第二十条の二から第二十条の六までの規定による命令は、第七条の二第二十七項の規定にかかわらず、当該取消しの決定の日から二年間においても、することができる。	③　第一項の規定による第四十八条の三第三項の認定の取消しがあつた場合において、当該取消しが第七条第二項ただし書（第八条の二第二項及び第二十条第二項において準用する場合を含む。以下この項において同じ。）に規定する期間の満了する日の二年前の日以後にあつたときは、当該認定に係る疑いの理由となつた行為に対する第七条第二項（第八条の二第二項及び第二十条第二項において準用する場合を含む。）又は第八条の二第三項の規定による命令は、第七条第二項ただし書の規定にかかわらず、当該取消しの決定の日から二年間においても、することができる。

8　認定の申請を却下する場合における第四十八条の七第六項の規定により読み替えて準用する第四十八条の三第四項及び第五項の規定

（傍線部分は読替部分、波線部分は当然読替部分）

読替後	読替前
④　第四十八条の七第五項の決定は、文書によつて行い、決定書には、委員長及び第六十五条第一項の規定による合議に出席した委員がこれに記名押印しなければならない。 ⑤　第四十八条の七第五項の決定は、その名宛人に決定書の謄本を送達することによつて、その効力を生ずる。	④　前項の認定は、文書によつて行い、認定書には、委員長及び第六十五条第一項の規定による合議に出席した委員がこれに記名押印しなければならない。 ⑤　第三項の認定は、その名宛人に認定書の謄本を送達することによつて、その効力を生ずる。

9　認定を取り消す場合における第四十八条の九第二項の規定により読み替えて準用する第四十八条の三第四項及び第五項の規定

（傍線部分は読替部分、波線部分は当然読替部分）

読　替　後	読　替　前
④　第四十八条の九第一項の決定は、文書によつて行い、決定書には、委員長及び第六十五条第一項の規定による合議に出席した委員がこれに記名押印しなければならない。 ⑤　第四十八条の九第一項の決定は、その名宛人に決定書の謄本を送達することによつて、その効力を生ずる。	④　前項の認定は、文書によつて行い、認定書には、委員長及び第六十五条第一項の規定による合議に出席した委員がこれに記名押印しなければならない。 ⑤　第三項の認定は、その名宛人に認定書の謄本を送達することによつて、その効力を生ずる。

10　課徴金納付命令を行う場合における第四十八条の九第四項の規定により読み替えて準用する同条第三項の規定

（傍線部分は読替部分、波線部分は当然読替部分）

読　替　後	読　替　前
③　第一項の規定による第四十八条の七第三項の認定の取消しがあつた場合において、当該取消しが第七条の二第二十七項（第八条の三及び第二十条の七において読み替えて準用する場合を含む。以下この項において同じ。）に規定する期間の満了する日の二年前の日以後にあつたときは、当該認定に係る疑いの理由となつた行為に対する第七条の二第一項（同条第二項及び第八条の三において読み替えて準用する場合を含む。）若しくは第四項又は第二十条の二から第二十条の六までの規定による命令は、第七条の二第二十七項の規定にかかわらず、当該取消しの決定の日から二年間においても、することができる。	③　第一項の規定による第四十八条の七第三項の認定の取消しがあつた場合において、当該取消しが第七条第二項ただし書（第八条の二第二項及び第二十条第二項において準用する場合を含む。以下この項において同じ。）に規定する期間の満了する日の二年前の日以後にあつたときは、当該認定に係る疑いの理由となつた行為に対する第七条第二項（第八条の二第二項及び第二十条第二項において準用する場合を含む。）又は第八条の二第三項の規定による命令は、第七条第二項ただし書の規定にかかわらず、当該取消しの決定の日から二年間においても、することができる。

資料1-3 公正取引委員会の確約手続に関する規則（平成二十九年公正取引委員会規則第一号）

私的独占の禁止及び公正取引の確保に関する法律（昭和二十二年法律第五十四号）の規定に基づき、公正取引委員会の確約手続に関する規則を次のように定める。

平成二十九年一月二十五日

公正取引委員会委員長　杉本　和行

公正取引委員会の確約手続に関する規則

目次

第一章　総則

（この規則の趣旨・定義）

第一条　公正取引委員会（以下「委員会」という。）が行う確約手続（私的独占の禁止及び公正取引の確保に関する法律（昭和二十二年法律第五十四号。以下「法」

という。）第四十八条の二から第四十八条の九までの手続をいう。以下同じ。）については、法に定めるもののほか、この規則の定めるところによる。

2　この規則において使用する用語であって、法において使用する用語と同一のものは、これと同一の意義において使用するものとする。

（期間の計算）

第二条　期間の計算については、民法（明治二十九年法律第八十九号）の期間に関する規定に従う。

2　期間の末日が行政機関の休日に関する法律（昭和六十三年法律第九十一号）第一条第一項各号に掲げる日に当たるときは、期間は、その翌日に満了する。

（用語）

第三条　確約手続においては、日本語を用いる。

（公示送達の方法）

第四条　委員会は、公示送達があったことを官報又は新聞紙に掲載することができる。外国においてすべき送達については、委員会は、官報又は新聞紙への掲載に代えて、公示送達があったことを通知することができる。

（文書の作成）

第五条　確約手続において作成すべき文書には、特別の定めのある場合を除いて、年月日を記載して署名し、又は記名押印しなければならない。

2　前項の文書が委員会において作成すべき謄本の場合には、当該謄本を作成した職員が、その記載に接続して当該謄本が原本と相違ない旨を付記し、かつ、これに記名押印して、毎葉に契印又はこれに準ずる措置をしなければならない。

（文書の訂正）

第六条　確約手続において文書を作成するには、文字を改変してはならない。文字を加え、削り、又は欄外に記載したときは、これに認印しなければならない。この場合において、削った部分は、これを読むことができるように字体を残さなければならない。

第二章　法第四十八条の二の規定による通知

（通知書の送達）

第七条　法第四十八条の二の規定による通知は、疑いの理由となった行為をしている者又はその代理人に対し、同条各号に掲げる事項を記載した文書を送達して行うものとする。

第三章　排除措置計画

第一節　排除措置計画の認定の申請

（排除措置計画の認定の申請方法）

第八条　法第四十八条の三第一項の規定による申請をしようとする者は、様式第一号による申請書を委員会に提出しなければならない。

2　前項の申請書には、次の各号に掲げる書類を添付するものとする。この場合において、当該書類が日本語で作成されていないものであるときは、当該書類に日本語の翻訳文を添えなければならない。

一　排除措置が疑いの理由となった行為を排除するために十分なものであることを示す書類

二　排除措置が確実に実施されると見込まれるものであることを示す書類

三　その他委員会が法第四十八条の三第三項の認定をするため参考となるべき事項を記載した書類

第九条　法第四十八条の三第一項の規定による申請をした者（以下この節から第三節までにおいて「申請者」という。）は、申請書類の記載事項に変更がある場合は、同項の期間が経過する日までに、変更内容を記載した報告書を委員会に提出することができる。ただし、既にその申請に係る処分がされているときは、この限りでない。

第十条　前二条の規定により文書を提出する場合には、次の各号に掲げるいずれかの方法により、又はそれらの方法の併用により委員会に提出しなければならない。

一　直接持参する方法

二　書留郵便、民間事業者による信書の送達に関する法律（平成十四年法律第九十九号）第二条第六項に規定する一般信書便事業者若しくは同条第九項に規定する特定信書便事業者による同条第二項に規定する信書便の役務であって当該一般信書便事業者若しくは当該特定信書便事業者において引受け及び配達の記録を行うもの又はこれらに準ずる方法により送付する方法

第十一条　申請者は、申請をした日からその申請に係る処分がされるまでの間、いつでも、第八条第二項第三号に規定する書類の提出を追加して行うことができる。

第二節　認定

（認定書の送達）
第十二条　法第四十八条の三第五項に規定する認定書の謄本は、申請者又はその代理人にこれを送達しなければならない。

第三節　却下

（決定書の送達等）
第十三条　法第四十八条の三第七項において読み替えて準用する同条第五項に規定する決定書の謄本は、申請者又はその代理人にこれを送達しなければならない。
２　前項の決定書には、次に掲げる事項を記載するものとする。
一　排除措置計画の認定の申請を却下した旨
二　却下の理由

第四節　認定排除措置計画の変更

（認定排除措置計画の変更の認定の申請方法）
第十四条　法第四十八条の三第三項の認定を受けた者であって同条第八項の規定により当該認定に係る排除措置計画（以下この節において「認定排除措置計画」という。）を変更しようとする者は、様式第二号による申請書を委員会に提出しなければならない。
２　前項の申請書には、次の各号に掲げる書類を添付するものとする。この場合において、当該書類が日本語で作成されていないものであるときは、当該書類に日本語の翻訳文を添えなければならない。

一　排除措置が疑いの理由となった行為を排除するために十分なものであることを示す書類

二　排除措置が確実に実施されると見込まれるものであることを示す書類

三　その他委員会が法第四十八条の三第八項の規定による変更の認定をするため参考となるべき事項を記載した書類

第十五条　認定排除措置計画の変更の認定の申請をした者（以下この節において「申請者」という。）は、申請書類の記載事項に変更がある場合は、その申請に係る処分がされるまでの間に、変更内容を記載した報告書を委員会に提出することができる。

第十六条　第十条の規定は、前二条の規定により文書を提出する場合について準用する。

第十七条　申請者は、申請をした日からその申請に係る処分がされるまでの間、いつでも、第十四条第二項第三号に規定する書類の提出を追加して行うことができる。

（認定書の送達）

第十八条　法第四十八条の三第九項において準用する同条第五項に規定する認定書の謄本は、申請者又はその代理人にこれを送達しなければならない。

（決定書の送達等）

第十九条　法第四十八条の三第九項において準用する同条第七項において読み替えて準用する同条第五項に規定する決定書の謄本は、申請者又はその代理人にこれを送達しなければならない。

2　前項の決定書には、次に掲げる事項を記載するものとする。

一　認定排除措置計画の変更の認定の申請を却下した旨

二　却下の理由

第四章　排除措置計画の認定の取消し

（決定書の送達等）

第二十条　法第四十八条の五第二項において読み替えて準用する法第四十八条の三第五項に規定する決定書の謄本は、当該認定を受けた者又はその代理人に送達しなければならない。

2　前項の決定書には、次に掲げる事項を記載するものとする。

一　排除措置計画の認定を取り消した旨

二　取消しの理由

第五章　法第四十八条の六の規定による通知

（通知書の送達）

第二十一条　法第四十八条の六の規定による通知は、同条第一号に掲げる者又はその代理人に対し、同条第二号に掲げる事項を記載した文書を送達して行うものとする。

第六章　排除確保措置計画

第一節　排除確保措置計画の認定の申請

（排除確保措置計画の認定の申請方法）

第二十二条　法第四十八条の七第一項の規定による申請をしようとする者は、様式第三号による申請書を委員会に提出しなければならない。

2　前項の申請書には、次の各号に掲げる書類を添付するものとする。この場合において、当該書類が日本語で作成されていないものであるときは、当該書類に日本語の翻訳文を添えなければならない。

一　排除確保措置が疑いの理由となった行為が排除されたことを確保するために十分なものであることを示す書類

二　排除確保措置が確実に実施されると見込まれるものであることを示す書類

三　その他委員会が法第四十八条の七第三項の認定をするため参考となるべき事項を記載した書類

第二十三条　法第四十八条の七第一項の規定による申請をした者（以下この節か

ら第三節までにおいて「申請者」という。）は、申請書類の記載事項に変更がある場合は、同項の期間が経過する日までに、変更内容を記載した報告書を委員会に提出することができる。ただし、既にその申請に係る処分がされているときは、この限りでない。

第二十四条　第十条の規定は、前二条の規定により文書を提出する場合について準用する。

第二十五条　申請者は、申請をした日からその申請に係る処分がされるまでの間、いつでも、第二十二条第二項第三号に規定する書類の提出を追加して行うことができる。

第二節　認定

（認定書の送達）

第二十六条　法第四十八条の七第四項において準用する法第四十八条の三第五項に規定する認定書の謄本は、申請者又はその代理人にこれを送達しなければならない。

第三節　却下

（決定書の送達等）

第二十七条　法第四十八条の七第六項において読み替えて準用する法第四十八条の三第五項に規定する決定書の謄本は、申請者又はその代理人にこれを送達しなければならない。

2　前項の決定書には、次に掲げる事項を記載するものとする。

一　排除確保措置計画の認定の申請を却下した旨

二　却下の理由

第四節　認定排除確保措置計画の変更

（認定排除確保措置計画の変更の認定の申請方法）

第二十八条　法第四十八条の七第三項の認定を受けた者であって同条第七項の規

定により当該認定に係る排除確保措置計画（以下この節において「認定排除確保措置計画」という。）を変更しようとする者は、様式第四号による申請書を委員会に提出しなければならない。

2　前項の申請書には、次の各号に掲げる書類を添付するものとする。この場合において、当該書類が日本語で作成されていないものであるときは、当該書類に日本語の翻訳文を添えなければならない。

一　排除確保措置が疑いの理由となった行為が排除されたことを確保するために十分なものであることを示す書類

二　排除確保措置が確実に実施されると見込まれるものであることを示す書類

三　その他委員会が法第四十八条の七第七項の規定による変更の認定をするため参考となるべき事項を記載した書類

第二十九条　認定排除確保措置計画の変更の認定の申請をした者（以下この節において「申請者」という。）は、申請書類の記載事項に変更がある場合は、その申請に係る処分がされるまでの間に、変更内容を記載した報告書を委員会に提出することができる。

第三十条　第十条の規定は、前二条の規定により文書を提出する場合について準用する。

第三十一条　申請者は、申請をした日からその申請に係る処分がされるまでの間、いつでも、第二十八条第二項第三号に規定する書類の提出を追加して行うことができる。

（認定書の送達）

第三十二条　法第四十八条の七第八項において準用する同条第四項において準用する法第四十八条の三第五項に規定する認定書の謄本は、申請者又はその代理人にこれを送達しなければならない。

（決定書の送達等）

第三十三条　法第四十八条の七第八項において準用する同条第六項において読み替えて準用する法第四十八条の三第五項に規定する決定書の謄本は、申請者又はその代理人にこれを送達しなければならない。

2　前項の決定書には、次に掲げる事項を記載するものとする。

一　認定排除確保措置計画の変更の認定の申請を却下した旨

二　却下の理由

第七章　排除確保措置計画の認定の取消し

（決定書の送達等）

第三十四条　法第四十八条の九第二項において読み替えて準用する法第四十八条の三第五項に規定する決定書の謄本は、当該認定を受けた者又はその代理人に送達しなければならない。

2　前項の決定書には、次に掲げる事項を記載するものとする。

一　排除確保措置計画の認定を取り消した旨

二　取消しの理由

第八章　補則

（文書のファクシミリによる提出）

第三十五条　確約手続において提出すべき文書は、次に掲げるものを除き、ファクシミリを利用して送信することにより提出することができる。

一　申請書

二　申請書に添付する書類（第十一条、第十七条、第二十五条及び第三十一条の規定により提出するものを除く。）

三　報告書

2　ファクシミリを利用して文書が提出された場合は、委員会が受信した時に、当該文書が委員会に提出されたものとみなす。

3　委員会は、前項に規定する場合において、必要があると認めるときは、提出者に対し、送信に使用した文書を提出させることができる。

（申請の取下げ）

第三十六条　この規則の規定による申請は、当該申請に係る処分がされるまでは、いつでも取り下げることができる。

2　前項の規定による申請の取下げは、書面でしなければならない。

（更正決定）

第三十七条　認定書又は決定書に誤記その他明白な誤りがあるときは、委員会は、職権又は申立てにより、更正決定をすることができる。

2　更正決定に対しては、更正決定書の謄本の送達を受けた日から二週間以内に、委員会に対し、文書をもって異議の申立てをすることができる。

3　委員会は、前項の異議申立てを却下したときは、これを申立人に通知しなければならない。

附　則

この規則は、環太平洋パートナーシップ協定の締結及び環太平洋パートナーシップに関する包括的及び先進的な協定の締結に伴う関係法律の整備に関する法律（平成二十八年法律第百八号）の施行の日から施行する。

附　則（平成三十年七月十八日公正取引委員会規則第二号）

この規則は、公布の日から施行する。

様式第１号（用紙の大きさは日本工業規格Ａ４とする。）

平成　　年　　月　　日

排除措置計画の認定申請書

公正取引委員会　宛

氏名又は名称
住所又は所在地
代表者の役職名及び氏名　　　　　　印

平成　　年　　月　　日付け公審通第　　　　号を受けたところ，私的独占の禁止及び公正取引の確保に関する法律（昭和２２年法律第５４号）第４８条の３第１項の規定に基づき，下記の計画について認定を受けたいので申請します。

記

１　排除措置の内容
以下に記載した内容を履行することを確約します。

２　排除措置の実施期限

3　添付書類

以下の書類を提出します。

番号	書類の名称	書類の内容の説明（概要）	備考

○記載上の注意事項（下記の各項目は，様式の各項目に対応しています。）

記

1　排除措置の内容
　実施しようとする排除措置の内容を，できるだけ具体的に記載してください。

2　排除措置の実施期限
　上記１で記載した排除措置の内容ごとに，それぞれ実施期限を記載してください。

3　添付書類
　①排除措置が疑いの理由となった行為を排除するために十分なものであることを示す書類，②排除措置が確実に実施されると見込まれるものであることを示す書類及び③その他公正取引委員会が私的独占の禁止及び公正取引の確保に関する法律第４８条の３第３項の認定をするため参考となるべき事項を記載した書類を本申請書に添付してください。
　例えば，排除措置の内容として，今後同様の行為を行わない旨を取締役会等で決議する場合には取締役会等の議事録の案，従業員に対する研修を実施する場合には研修の内容，対象となる従業員の名簿等を添付してください。
　なお，日本語以外の言語で記載されている書類については，日本語の翻訳文を添付してください。

備考
1　本申請書を連名で作成する場合には，各申請者の氏名等を列記し，それぞれ代表者が押印をしてください。
2　申請者が外国会社である場合であって，本国において代表者が押印をする慣行がない場合には，代表者の署名をもって記名押印に代えることができます。
3　代理人が本申請書を作成する場合は，申請者の氏名又は名称及び住所又は所在地並びに代理人による申請である旨及び代理人の氏名を記載した上，代表者の押印に代えて代理人が押印してください。この場合には，併せて委任状を添付してください。
4　記載事項について書き切れない場合は，適宜別紙に記載してください。
5　本申請書には，ページ番号を記載してください。

様式第２号（用紙の大きさは日本工業規格Ａ４とする。）

平成　　年　　月　　日

排除措置計画の変更認定申請書

公正取引委員会　宛

氏名又は名称
住所又は所在地
代表者の役職名及び氏名　　　　　　　印

平成　　年（認）第　　号で認定を受けた排除措置計画について，下記のとおり変更したいので，私的独占の禁止及び公正取引の確保に関する法律（昭和２２年法律第５４号）第４８条の３第８項の規定に基づき，変更の認定の申請を行います。

記

１　変更事項の内容

変更前	変更後

２　変更が必要となる理由

３　添付書類
　以下の書類を提出します。

番号	書類の名称	書類の内容の説明（概要）	備考

○記載上の注意事項（下記の各項目は，様式の各項目に対応しています。）

記

1　変更事項の内容

認定を受けた排除措置計画のうち，変更しようとする事項について，変更前と変更後の内容を対比して記載してください。その際，変更した部分については，下線を引いてください。

2　変更が必要となる理由

認定を受けた排除措置計画の変更が必要となる理由を，具体的に記載してください。

3　添付書類

①排除措置が疑いの理由となった行為を排除するために十分なものであることを示す書類，②排除措置が確実に実施されると見込まれるものであることを示す書類及び③その他公正取引委員会が私的独占の禁止及び公正取引の確保に関する法律第４８条の３第８項の認定をするため参考となるべき事項を記載した書類を本申請書に添付してください。

例えば，認定を受けた排除措置計画として今後同様の行為を行わないことを取引先へ通知することを計画していたものの，災害のため，やむを得ず，実施期限内に一部の取引先へ通知することが困難と見込まれた場合において，変更する排除措置として，当該一部の取引先への通知に係る実施期限を３か月延長することを申請する場合には，通知に係る実施期限を延長する取引先の名簿等を添付してください。

なお，日本語以外の言語で記載されている書類については，日本語の翻訳文を添付してください。

備考

1　本申請書を連名で作成する場合には，各申請者の氏名等を列記し，それぞれ代表者が押印をしてください。

2　申請者が外国会社である場合であって，本国において代表者が押印をする慣行がない場合には，代表者の署名をもって記名押印に代えることができます。

3　代理人が本申請書を作成する場合は，申請者の氏名又は名称及び住所又は所在地並びに代理人による申請である旨及び代理人の氏名を記載した上，代表者の押印に代えて代理人が押印してください。この場合には，併せて委任状を添付してください。

4　記載事項について書き切れない場合は，適宜別紙に記載してください。

5　本申請書には，ページ番号を記載してください。

様式第３号（用紙の大きさは日本工業規格Ａ４とする。）

平成　　年　　月　　日

排除確保措置計画の認定申請書

公正取引委員会　宛

氏名又は名称
住所又は所在地
代表者の役職名及び氏名　　　　　　　印

平成　　年　　月　　日付け公審通第　　　　号を受けたところ，私的独占の禁止及び公正取引の確保に関する法律（昭和２２年法律第５４号）第４８条の７第１項の規定に基づき，下記の計画について認定を受けたいので申請します。

記

１　排除確保措置の内容
　以下に記載した内容を履行することを確約します。

２　排除確保措置の実施期限

3　添付書類

以下の書類を提出します。

番号	書類の名称	書類の内容の説明（概要）	備考

○記載上の注意事項（下記の各項目は，様式の各項目に対応しています。）

記

1　排除確保措置の内容
実施しようとする排除確保措置の内容を，できるだけ具体的に記載してください。

2　排除確保措置の実施期限
上記１で記載した排除確保措置の内容ごとに，それぞれ実施期限を記載してください。

3　添付書類
①排除確保措置が疑いの理由となった行為が排除されたことを確保するために十分なものであることを示す書類，②排除確保措置が確実に実施されると見込まれるものであることを示す書類及び③その他公正取引委員会が私的独占の禁止及び公正取引の確保に関する法律第４８条の７第３項の認定をするため参考となるべき事項を記載した書類を本申請書に添付してください。
例えば，排除確保措置の内容として，今後同様の行為を行わない旨を取締役会等で決議する場合には取締役会等の議事録の案，従業員に対する研修を実施する場合には対象となる従業員の名簿等を添付してください。
なお，日本語以外の言語で記載されている書類については，日本語の翻訳文を添付してください。

備考
1　本申請書を連名で作成する場合には，各申請者の氏名等を列記し，それぞれ代表者が押印をしてください。
2　申請者が外国会社である場合であって，本国において代表者が押印をする慣行がない場合には，代表者の署名をもって記名押印に代えることができます。
3　代理人が本申請書を作成する場合は，申請者の氏名又は名称及び住所又は所在地並びに代理人による申請である旨及び代理人の氏名を記載した上，代表者の押印に代えて代理人が押印してください。この場合には，併せて委任状を添付してください。
4　記載事項について書き切れない場合は，適宜別紙に記載してください。
5　本申請書には，ページ番号を記載してください。

様式第４号（用紙の大きさは日本工業規格Ａ４とする。）

平成　　年　　月　　日

排除確保措置計画の変更認定申請書

公正取引委員会　宛

氏名又は名称
住所又は所在地
代表者の役職名及び氏名　　　　　　印

平成　　年（認）第　　号で認定を受けた排除確保措置計画について，下記のとおり変更したいので，私的独占の禁止及び公正取引の確保に関する法律（昭和２２年法律第５４号）第４８条の７第７項の規定に基づき，変更の認定の申請を行います。

記

１　変更事項の内容

変更前	変更後

２　変更が必要となる理由

３　添付書類
以下の書類を提出します。

番号	書類の名称	書類の内容の説明（概要）	備考

○記載上の注意事項（下記の各項目は，様式の各項目に対応しています。）

記

1　変更事項の内容

認定を受けた排除確保措置計画のうち，変更しようとする事項について，変更前と変更後の内容を対比して記載してください。その際，変更した部分については，下線を引いてください。

2　変更が必要となる理由

認定を受けた排除確保措置計画の変更が必要となる理由を，具体的に記載してください。

3　添付書類

①排除確保措置が疑いの理由となった行為が排除されたことを確保するために十分なものであることを示す書類，②排除確保措置が確実に実施されると見込まれるものであることを示す書類及び③その他公正取引委員会が私的独占の禁止及び公正取引の確保に関する法律第４８条の７第７項の認定をするため参考となるべき事項を記載した書類を本申請書に添付してください。

例えば，認定を受けた排除確保措置計画として今後同様の行為を行わないことを取引先へ通知することを計画していたものの，災害のため，やむを得ず，実施期限内に一部の取引先へ通知することが困難と見込まれた場合において，変更する排除確保措置として，当該一部の取引先への通知に係る実施期限を３か月間延長することを申請する場合には，通知に係る実施期限を延長する取引先の名簿等を添付してください。

なお，日本語以外の言語で記載されている書類については，日本語の翻訳文を添付してください。

備考

1　本申請書を連名で作成する場合には，各申請者の氏名等を列記し，それぞれ代表者が押印をしてください。

2　申請者が外国会社である場合であって，本国において代表者が押印をする慣行がない場合には，代表者の署名をもって記名押印に代えることができます。

3　代理人が本申請書を作成する場合は，申請者の氏名又は名称及び住所又は所在地並びに代理人による申請である旨及び代理人の氏名を記載した上，代表者の押印に代えて代理人が押印してください。この場合には，併せて委任状を添付してください。

4　記載事項について書き切れない場合は，適宜別紙に記載してください。

5　本申請書には，ページ番号を記載してください。

資料1-4　その他公正取引委員会規則の改正　新旧対照条文

1　公正取引委員会の審査に関する規則の一部を改正する規則新旧対照条文

公正取引委員会の審査に関する規則（平成十七年公正取引委員会規則第五号）

（傍線部分は改正部分）

改　正　後	改　正　前
（この規則の趣旨・定義） 第一条　公正取引委員会（以下「委員会」という。）が行う審査手続については、私的独占の禁止及び公正取引の確保に関する法律（昭和二十二年法律第五十四号）（水産業協同組合法（昭和二十三年法律第二百四十二号）第九十五条の四及び中小企業等協同組合法（昭和二十四年法律第百八十一号）第百八条において準用する場合を含む。以下「法」という。）及び私的独占の禁止及び公正取引の確保に関する法律第四十七条第二項の審査官の指定に関する政令（昭和二十八年政令第二百六十四号。以下「審査官の指定に関する政令」という。）に定めるもののほか、この規則の定めるところによる。ただし、課徴金の減免に係る報告及び資料の提出の手続、確約手続（法第四十八条の二から第四十八条の九までの手続をいう。）並びに委員会が行う意見聴取の手続については、別に定めるところによる。 2　（略）	（この規則の趣旨・定義） 第一条　公正取引委員会（以下「委員会」という。）が行う審査手続については、私的独占の禁止及び公正取引の確保に関する法律（昭和二十二年法律第五十四号）（水産業協同組合法（昭和二十三年法律第二百四十二号）第九十五条の四及び中小企業等協同組合法（昭和二十四年法律第百八十一号）第百八条において準用する場合を含む。以下「法」という。）及び私的独占の禁止及び公正取引の確保に関する法律第四十七条第二項の審査官の指定に関する政令（昭和二十八年政令第二百六十四号。以下「審査官の指定に関する政令」という。）に定めるもののほか、この規則の定めるところによる。ただし、課徴金の減免に係る報告及び資料の提出の手続並びに委員会が行う意見聴取の手続については、別に定めるところによる。 2　（略）
（報告者に対する通知） 第二十九条　（略） 2　（略） 3　第一項の通知は、次の各号に掲げる場合に、それぞれその旨を記載した文書により行うものとする。ただし、同一の報告に係る事件について次の第一号の通知をしたときは、その後の通知	（報告者に対する通知） 第二十九条　（略） 2　（略） 3　第一項の通知は、次の各号に掲げる場合に、それぞれその旨を記載した文書により行うものとする。ただし、同一の報告に係る事件について次の第一号の通知をしたときは、その後の通知

改　正　後	改　正　前
は行わないものとする。 一　当該事件について排除措置命令をした場合 二　当該事件について納付命令をした場合 三　当該事件について排除措置計画又は排除確保措置計画の認定をした場合 四　当該事件について前各号に掲げるいずれの措置も採らないこととした場合 4　(略)	は行わないものとする。 一　当該事件について排除措置命令をした場合 二　当該事件について納付命令をした場合 (新設) 三　当該事件について前各号に掲げるいずれの措置も採らないこととした場合 4　(略)

2 私的独占の禁止及び公正取引の確保に関する法律第九条から第十六条までの規定による認可の申請、報告及び届出等に関する規則の一部を改正する規則新旧対照条文

私的独占の禁止及び公正取引の確保に関する法律第九条から第十六条までの規定による認可の申請、報告及び届出等に関する規則（昭和二十八年公正取引委員会規則第一号）

（傍線部分は改正部分）

改正後	改正前
（排除措置命令を行わない旨の通知） 第九条 公正取引委員会は、企業結合届出書に係る株式の取得、合併、分割、株式移転又は事業等の譲受けについて法第五十条第一項の規定による通知をしないこととしたとき（当該企業結合届出書に係る株式の取得、合併、分割、株式移転又は事業等の譲受けに関し、法第四十八条の三第三項の排除措置計画の認定をしたときを除く。）は、届出会社に対し、様式第四十三号、様式第四十四号、様式第四十五号、様式第四十六号、様式第四十七号又は様式第四十八号による通知書を交付するものとする。	（排除措置命令を行わない旨の通知） 第九条 公正取引委員会は、企業結合届出書に係る株式の取得、合併、分割、株式移転又は事業等の譲受けについて法第五十条第一項の規定による通知をしないこととしたときは、届出会社に対し、様式第四十三号、様式第四十四号、様式第四十五号、様式第四十六号、様式第四十七号又は様式第四十八号による通知書を交付するものとする。

資料1-5　確約手続に関する対応方針

確約手続に関する対応方針

平成30年9月26日
公正取引委員会

1　趣旨

環太平洋パートナーシップ協定の締結及び環太平洋パートナーシップに関する包括的及び先進的な協定の締結に伴う関係法律の整備に関する法律（平成28年法律第108号）により、私的独占の禁止及び公正取引の確保に関する法律（昭和22年法律第54号。以下「独占禁止法」という。）違反の疑いについて、公正取引委員会と事業者（事業者団体等及び事業者、事業者団体等の代理人を含む。以下同じ。）との間の合意により自主的に解決するための独占禁止法第48条の2から第48条の9までに規定する手続（以下「確約手続」という。）が導入された。また、公正取引委員会は、確約手続に必要な規則を整備するため、公正取引委員会の確約手続に関する規則（平成29年公正取引委員会規則第1号。以下「確約手続規則」という。）を制定した。

確約手続は、排除措置命令又は課徴金納付命令（以下「法的措置」と総称する。）と比べ、競争上の問題をより早期に是正し、公正取引委員会と事業者が協調的に問題解決を行う領域を拡大し、独占禁止法の効率的かつ効果的な執行に資するものである。他方、確約手続は、独占禁止法に新たに導入された手続であるため、確約手続の対象や確約手続移行前の手続との関係など、確約手続に関する考え方を可能な限り明確にする必要がある。

そこで、確約手続に係る法運用の透明性及び事業者の予見可能性を確保する観点から、公正取引委員会は、「確約手続に関する対応方針」を策定する。

2　確約手続の開始

確約手続は、公正取引委員会が独占禁止法の規定に違反する事実があると思料する場合において、その疑いの理由となった行為（以下「違反被疑行為」という。）について、確約手続に付すことが適当であると判断するとき、すなわち、公正かつ自由な競争の促進を図る上で必要がある（違反被疑行為が既になくなっている場合において公正かつ自由な競争の促進を図る上で特に必要があるときを含む。以下同じ。）と認めるときに、違反被疑行為を行っている又は行っていた事業者（以下「違反被疑行為者」と総称する。）に対し、独占禁止法第48条の2又は第48条の6の規定により、①違反被疑行為の概要、②違反する疑いのある又はあった法令の条項及び③違反被疑行為を排除するために必要な措置の実施に関する排除措置計画又は違反被疑行為が排除されたことを確保するために必要な措置の実施に関する排除確保措置計画（以下「確約計画」と総称する。）の認定の申請（以下「確約認定申請」という。）をすることができる旨を記載した書面による通知（以下「確約手続通知」という。）を行うことにより開始する。

3　確約手続に関する相談

確約手続は、違反被疑行為について、公正取引委員会と事業者との間の合意により自主的に解決するものであり、公正取引委員会と事業者との間の意思疎通を密にすることは、迅速な確約手続に係る法運用を可能とし、公正取引委員会と事業者の双方にとって有益であると考えられる。

このため、確約手続をより迅速に進める観点から、公正取引委員会が確約手続通知を行う前であっても、独占禁止法違反の疑いで公正取引委員会から独占禁止法に基づく調査を受けている事業者は、いつでも、調査を受けている行為について、確約手続の対象となるかどうかを確認したり、確約手続に付すことを希望する旨を申し出たりするなど、確約手続に関して公正取引委員会に相談することができる。

4　確約手続の流れ

調査の開始から意見聴取の通知（独占禁止法第50条第1項〔独占禁止法第62条第4項において読み替えて準用する場合を含む。〕の規定による通知をいう。以下同じ。）を行うまでの間に、公正取引委員会は、違反被疑行為について確約手続に付すことが適当であると判断するとき、違反被疑行為者に対して確約手続通知を行う。

確約手続通知を受けた者（以下「被通知事業者」という。）が違反被疑行為をどのように排除すればよいのか又は違反被疑行為が排除されたことをどのように確保すればよいのか、すなわち、どのような確約計画を作成すればよいのかを示すため、公正取引委員会は、確約手続通知を行う時点で把握している事実に基づき、違反被疑行為の概要を確約手続通知の書面に記載する。

なお、確約手続通知は、被通知事業者の行為が独占禁止法の規定に違反することを認定するものではないため、排除措置命令書と同程度に詳細な事実の認定や法令の適用の記載がなされるものではない。

被通知事業者は、確約認定申請をする場合、独占禁止法第48条の3第1項又は第48条の7第1項の規定により、確約手続通知を受けた日から60日以内に確約認定申請をする必要がある。

被通知事業者が確約認定申請をした場合において、公正取引委員会は、当該確約計画が独占禁止法第48条の3第3項各号又は第48条の7第3項各号の認定要件（以下「認定要件」と総称する。）に適合するか否かの判断を行い、当該確約計画が認定要件に適合すると認めるときには、当該確約計画の認定をする。

5　確約手続の対象

確約手続は、独占禁止法第48条の2の規定により、私的独占（独占禁止法第3条）、不当な取引制限（独占禁止法第3条又は第6条）、事業者団体の禁止行為（独占禁止法第8条）、不公正な取引方法（独占禁止法第6条又は第19条）、禁止される一般集中（独占禁止法第9条第1項、第9条第2項、第11条第1項又は第17条のうち第9条若しくは第11条に係るもの）又は禁止される企業結合（独占禁止法第10条第1項、第13条、第14条、第15条第1項、第15条の2第1項、第15条の3第1項、第16条第1項又は第17条のうち第10条、第13条、第14条、第15条若しくは第16条に係るもの）に関する違反被疑行為が対象となり得るとともに、違反被疑行為が既になくなっている場合においても、独占禁止法第48条の6の規定により、私的独占、不当な取引制限、事業者団体の禁止行為又は不公正な取引方法に関する違反被疑行為が対象となり得る。

他方、①入札談合、受注調整、価格カルテル、数量カルテル等のように、独占禁止法第3条、第6条又は第8条第1号若しくは第2号に関する違反被疑行為であって、かつ、独占禁止法第7条の2第1項各号（独占禁止法第8条の3において準用する場合を含む。）に掲げるものに関する違反被疑行為である場合、②事業者が違反被疑行為に係る事件について独占禁止法第47条第1項各号に掲げる処分を初めて受けた日から遡り10年以内に、違反被疑行為に係る条項の規定と同一の条項の規定に違反する行為について法的措置を受けたことがある場合（法的措置が確定している場合に限る。）及び③「独占禁止法違反に対する刑事告発及び犯則事件の調査に関する公正取引委員会の方針」（平成17年10月7日公正取引委員会）に記載のとおり、一定の取引分野における競争を実質的に制限することにより国民生活に広範な影響を及ぼすと考えられる悪質かつ重大な違反被疑行為である場合には、違反行為を認定して法的措置を採ることにより厳正に対処する必要があり、公正かつ自由な競争の促進を図る上で必要があると認めることができないため、確約手続の対象としない。

その他の場合については、公正取引委員会は、個別具体的な事案ごとに、確約手続により競争上の問題を解決することが公正かつ自由な競争の促進を図る上で必要があるか否かを判断する。

6 確約計画

⑴ 確約認定申請をするか否かの判断

公正取引委員会から確約手続通知が行われた場合であっても、確約認定申請をするか否かは、被通知事業者が自主的に判断するものである。

被通知事業者が確約認定申請をしなかった場合には、確約手続通知を行う前の調査を再開することとなる（注１）。被通知事業者が確約認定申請をしなかったとしても、その後の調査において、確約認定申請をしなかったことを理由として被通知事業者が不利益に取り扱われることはない。

（注１） 独占禁止法第10条第２項（同条第５項の規定によりみなして適用する場合を含む。）、第15条第２項、第15条の２第２項若しくは第３項、第15条の３第２項又は第16条第２項の規定に基づく公正取引委員会に対する届出（以下「届出」という。）が行われた企業結合について、被通知事業者が確約認定申請をしなかった場合、独占禁止法第10条第11項又は同項を準用する各規定に基づき、意見聴取の通知をすることができる期間は、独占禁止法第10条第９項本文に規定する通知期間（以下「通知期間」という。）に60日を加算した期間に延長される。

⑵ 確約認定申請

確約手続規則第８条第１項又は第22条第１項の規定により、確約認定申請をしようとする事業者は、確約手続規則様式第１号又は第３号による申請書（以下「認定申請書」と総称する。）を用いて確約認定申請をする必要がある。認定申請書には、確約手続規則第８条第２項各号又は第22条第２項各号に掲げる書類（以下「認定申請添付書類」と総称する。）を添付する必要がある。

確約手続規則第９条又は第23条の規定により、確約認定申請をした事業者（以下「申請者」という。）は、確約手続通知の日から60日以内であり、かつ、確約認定申請に係る処分がされるまでの間であれば、確約認定申請をした後においても、認定申請書及び認定申請添付書類（以下「認定申請書類」と総称する。）の記載事項の変更（認定申請添付書類を追加提出する場合を含む。）をするために、変更内容を記載した報告書を公正取引委員会に提出することができる。

また、確約手続規則第11条又は第25条の規定により、申請者は、確約認定申請をした日から確約認定申請に係る処分がされるまでの間、いつでも、認定申請添付書類のうち、公正取引委員会が確約計画の認定をするため参考となるべき事項を記載した書類を追加提出することができる。

なお、確約手続規則第10条又は第24条の規定により、認定申請書類は、直接持参又は書留郵便等の方法により提出する必要がある。

さらに、確約手続規則第36条第1項の規定により、申請者は、確約認定申請をした日から確約認定申請に係る処分がされるまでの間、いつでも、確約認定申請を取り下げることができる。

なお、確約手続規則第36条第2項の規定により、確約認定申請の取下げは、書面でする必要がある。

確約認定申請を取り下げた場合には、確約手続通知を行う前の調査を再開することとなる（注2）。被通知事業者が確約認定申請を取り下げたとしても、その後の調査において、確約認定申請を取り下げたことを理由として被通知事業者が不利益に取り扱われることはない。

（注2）　届出が行われた企業結合について、被通知事業者が確約認定申請を取り下げた場合、意見聴取の通知をすることができる期間は、独占禁止法第10条第12項及び同項を準用する各規定に基づき、通知期間に確約手続通知の日から取下げがあった日までの期間に相当する期間を加算した期間に延長される。

(3)　確約措置

ア　基本的な考え方

確約計画に記載する排除措置又は排除確保措置（以下「確約措置」と総称する。）の内容は、被通知事業者が個々の事案に応じて個別具体的に検討することとなる。

被通知事業者は、一定の行動に関する措置や事業譲渡等の構造的な措置の申請をすることができるところ、確約計画の認定に当たっては、競争秩序の回復の確保又は将来の不作為の確保の観点から、当該確約計画における確約措置が①違反被疑行為を排除する又は違反被疑行為が排除されたことを確保するために十分なものであること（以下「措置内容の十分性」という。）及び②確実に実施されると見込まれるものであること（以下「措置実施の確実性」という。）を満たす必要がある。

(ア) 措置内容の十分性

公正取引委員会は、確約措置が措置内容の十分性を満たしているか否かについて、個別具体的な事案ごとに判断するが、この判断に当たっては、過去に排除措置命令等で違反行為が認定された事案等のうち、行為の概要、適用条項等について、確約手続通知の書面に記載した内容と一定程度合致すると考えられる事案の措置の内容を参考にする。

(イ) 措置実施の確実性

措置内容の十分性を満たしても、確約措置が実施されないのであれば、違反被疑行為を排除すること又は違反被疑行為が排除されたことを確保することはできない。よって、公正取引委員会は、確約措置が実施期限内に確実に実施されると判断できなければ、確約計画の認定をすることはない。

例えば、確約措置の内容が契約変更を伴うなど第三者との合意が必要な場合には、当該第三者との合意を確約認定申請時までに成立させなければ、原則として、措置実施の確実性を満たすと認めることはできない。

イ 確約措置の典型例

典型的な確約措置としては、後記(ア)から(キ)までに掲げるものが考えられるが、確約措置がこれらに限られるものではない（注３）。また、事件によっては、単独の確約措置で認定要件に適合する場合もあるが、複数の確約措置を組み合わせなければ認定要件に適合しない場合もある。

なお、独占禁止法第48条の３第２項第２号又は第48条の７第２項第２号の規定により、措置実施の確実性を満たすために、確約措置の内容ごとに実施期限を設定する必要がある。

(ア) 違反被疑行為を取りやめること又は取りやめていることの確認等

被通知事業者が①違反被疑行為を取りやめること又は取りやめていることの確認を行うこと及び②違反被疑行為を行わないことの２点を取締役会等の被通知事業者の意思決定機関において決議することは、措置内容の十分性を満たすために必要な措置の一つである。

(イ)　取引先等への通知又は利用者等への周知

例えば、被通知事業者が取引先等に対して自己の競争事業者との取引を禁止していたことが違反被疑行為に該当する場合などにおいて、競争秩序の回復を確保するためには、前記(ア)について取引先等に通知又は利用者等に周知を行う必要があると考えられる。

このため、前記(ア)について取引先等への通知又は利用者等への周知を行うことが措置内容の十分性を満たすために必要となる場合がある。

(ウ)　コンプライアンス体制の整備

違反被疑行為を取りやめること又は取りやめていることの確認等を確実にするためには、被通知事業者のコンプライアンス体制の整備（定期的な監査及び従業員に対する社内研修の実施を含む。）を行う必要があると考えられる。

このため、違反被疑行為を取りやめること又は取りやめていることの確認等を行う場合は、併せて、コンプライアンス体制の整備を行うことが措置実施の確実性を満たすために必要となる場合がある。

(エ)　契約変更

例えば、被通知事業者が取引先に対して自己の商品をどの程度取り扱っているか等を条件とすることにより、競争品の取扱いを制限する効果を有するリベート（一般的には、仕切価格とは区別されて取引先に制度的に又は個別の取引ごとに支払われる金銭をいう。）を供給していることが違反被疑行為に該当する場合など、違反被疑行為が既存の契約を背景に行われており、当該契約内容を変更しなければ競争秩序の回復が確保できない場合もあると考えられる。

このため、被通知事業者が当事者となっている契約内容を変更することが措置内容の十分性を満たすために必要となる場合がある。

(オ)　事業譲渡等

例えば、被通知事業者が自己の競争事業者の株式の保有等をすることが違反被疑行為に該当する場合など、保有する株式の売却等の措置を行わなければ競争秩序の回復が確保できない場合もあると考えられる。

このため、被通知事業者の事業譲渡、保有する株式の売却等を行うことが措置内容の十分性を満たすために必要となる場合がある。

(カ)　取引先等に提供させた金銭的価値の回復

例えば、被通知事業者が取引先に対して、商品又は役務を購入した後に契約で定めた対価を減額することや、当該取引に係る商品又は役務以外の商品又は役務を購入させることが違反被疑行為に該当する場合には、被通知事業者が収受した利得額や当該取引先の実費損害額を当該取引先に返金することが措置内容の十分性を満たすために有益である。

(キ) 履行状況の報告

確約措置が措置内容の十分性を満たす場合であっても、実際に確約措置が履行されないのであれば、競争秩序の回復が確保できない。

このため、確約措置の履行状況について、被通知事業者又は被通知事業者が履行状況の監視等を委託した独立した第三者（公正取引委員会が認める者に限る。）が公正取引委員会に対して報告することは、措置実施の確実性を満たすために必要な措置の一つである。

なお、報告の回数は、確約措置の内容に応じて設定する必要がある。

（注3） 企業結合に係る確約措置としては、「企業結合審査に関する独占禁止法の運用指針」（平成16年5月31日公正取引委員会）の「第6 競争の実質的制限を解消する措置」が参考となる。

7 意見募集

公正取引委員会は、申請を受けた確約計画が認定要件に適合するか否かの判断に当たり、広く第三者の意見を参考にする必要があると認める場合には、原則として30日以内の意見提出期間を定め、ウェブサイト等を通じて、申請を受けた確約計画の概要について第三者からの意見を募集する。

公正取引委員会が意見募集を開始した場合において、確約計画の概要について意見がある者は、何人も、意見提出期間内において、当委員会に対して意見書を提出することができる。

なお、寄せられた意見に対して公正取引委員会が回答するものではない。

また、第三者からの意見を募集しない場合であっても、公正取引委員会は、申請者の競争事業者、取引先等に対し、個別に確約計画に関する事実関係の確認等を行うことがある。

8 認定又は却下

(1) 確約計画の認定又は却下に当たっての考え方

公正取引委員会は、被通知事業者から確約認定申請を受けた後、認定申請書類に基づき、認定要件に適合するか否かの判断を行う。前記3記載のとおり、確約手続は、違反被疑行為について、公正取引委員会と事業者との間の合意により自主的に解決するものであり、公正取引委員会と事業者との間の意思疎通を密にすることは、迅速な確約手続に係る法運用を可能とし、公正取引委員会と事業者の双方にとって有益であると考えられる。このため、確約手続通知が行われた後において、公正取引委員会は、必要と認める場合又は申請者から認定における論点等について説明を求められた場合には、その時点における論点等について説明する。また、公正取引委員会が申請者に対して申請内容の説明を求めることもある。

確約措置が認定要件に適合すると判断するとき、すなわち、措置内容の十分性及び措置実施の確実性をいずれも満たすときには、公正取引委員会は、独占禁止法第48条の3第3項又は第48条の7第3項の規定により、当該確約措置の記載された確約計画の認定をする。

他方、確約措置の内容が違反被疑行為の一部にしか対応していないなど、確約措置が認定要件に適合しないと判断するときには、公正取引委員会は、独占禁止法第48条の3第6項又は第48条の7第5項の規定により、決定で確約認定申請を却下する。この場合、確約手続通知を行う前の調査を再開することとなる（注4）。

（注4） 届出が行われた企業結合について、公正取引委員会が決定で確約認定申請を却下した場合、意見聴取の通知をすることができる期間は、独占禁止法第10条第13項又は同項を準用する各規定に基づき、通知期間に90日を加算した期間に延長される。

⑵　認定の効果

公正取引委員会は、独占禁止法第48条の4又は第48条の8の規定により、確約計画の認定をした場合（認定を受けた確約計画の変更の認定をした場合を含む。）において、違反被疑行為及び確約措置に係る行為については、法的措置に係る規定を適用しない。

なお、公正取引委員会が、確約計画の認定をすることは、申請者の違反被疑行為について独占禁止法の規定に違反すると判断するものではない。

9　認定を受けた確約計画の変更

確約計画の認定を受けた申請者（以下「被認定事業者」という。）は、認定を受けた確約計画（以下「認定確約計画」という。）に記載した排除措置又は排除確保措置（以下「認定確約措置」と総称する。）を実施することとなる。

確約計画の認定を受けた後に生じた事情により被認定事業者が認定確約措置を実施期限までに実施することが困難となった場合又は経済事情の変化等により認定確約措置を実施する必要がなくなった場合、被認定事業者は、当該認定確約計画の変更の認定の申請（以下「変更認定申請」という。）をすることができる。

確約手続規則第14条第1項又は第28条第1項の規定により、認定確約計画を変更しようとする被認定事業者は、確約手続規則様式第2号又は第4号による申請書（以下「変更認定申請書」と総称する。）を用いて変更認定申請をする必要がある。変更認定申請書には、確約手続規則第14条第2項各号又は第28条第2項各号に掲げる書類（以下「変更認定申請添付書類」と総称する。）を添付する必要がある。

なお、確約手続規則第16条又は第30条の規定により、変更認定申請書及び変更認定申請添付書類は、直接持参又は書留郵便等の方法により提出する必要がある。

前記8⑴記載の確約計画の認定の場合と同様に、認定確約計画の変更の認定に当たっては、変更後の確約措置の内容が認定要件に適合すると判断するとき、公正取引委員会は、独占禁止法第48条の3第9項において準用する同条第3項又は第48条の7第8項において準用する同条第3項の規定により、当該認定確約計画の変更の認定をする。

独占禁止法又は確約手続規則上、変更認定申請の期限は設けられていないものの、例えば、確約措置の実施期限の直前に変更認定申請が行われた場合には、公正取引委員会は、そのような時期に被認定事業者が変更認定申請をすることとなった事情を考慮した上で、措置内容の十分性及び措置実施の確実性を判断する。

なお、変更認定申請をするか否かは、被認定事業者が自主的に判断するものである。

10 認定確約計画の認定の取消し

⑴ 認定の取消し

公正取引委員会は、独占禁止法第48条の5第1項又は第48条の9第1項の規定により、認定確約措置が実施されていないと認めるとき又は被認定事業者が虚偽若しくは不正の事実に基づいて確約計画の認定を受けたことが判明したときは、決定で認定確約計画の認定を取り消さなければならない。

また、公正取引委員会は、特に必要があるときは、独占禁止法第68条第1項又は第2項の規定により、独占禁止法第48条の5第1項各号又は第48条の9第1項各号に規定する取消事由の存否を明らかにするため、独占禁止法第47条の規定に基づく調査権限を行使する場合がある。

⑵　認定の取消しの効果

認定確約計画の認定が取り消された場合、独占禁止法第48条の4又は第48条の8の規定による認定の効果は失われ、確約手続通知を行う前の調査を再開することとなる（注5）。

この場合において、法的措置（一般集中及び企業結合に係るものを除く。）の除斥期間（違反行為が終了してから法的措置を採ることができるまでの期間をいう。以下同じ。）は、違反行為が終了した日から5年とされているが、公正取引委員会は、独占禁止法第48条の5第3項若しくは第4項又は第48条の9第3項若しくは第4項の規定により、認定確約計画の認定を取り消した場合には、除斥期間にかかわらず、取消しの決定の日から2年間は、法的措置を採ることができる。

（注5）　届出が行われた企業結合について、公正取引委員会が認定確約計画の認定を取り消した場合（独占禁止法第48条の5第1項第1号に該当することによる取消しに限る。）、意見聴取の通知は、独占禁止法第10条第14項又は同項を準用する各規定に基づき、認定確約計画の認定の取消しの決定の日から起算して1年以内にする必要があることとなる。

11　確約計画の認定に関する公表

確約計画の認定をした後、公正取引委員会は、具体的にどのような行為が公正かつ自由な競争に悪影響を与える可能性があるのかを明らかにし、確約手続に係る法運用の透明性及び事業者の予見可能性を確保する観点から、認定確約計画の概要、当該認定に係る違反被疑行為の概要その他必要な事項を公表する。また、公表に当たっては、独占禁止法の規定に違反することを認定したものではないことを付記する。

なお、公正取引委員会が確約認定申請を却下した場合若しくは認定確約計画の認定を取り消した場合又は申請者が確約認定申請を取り下げた場合については、その後、確約手続通知を行う前の調査を再開することとなるため、原則として、いずれも公表しない。

12 確約手続移行前の手続との関係等

(1) 確約手続移行後における独占禁止法第47条の規定に基づく調査権限の行使

公正取引委員会が、確約手続に付すことが適当であると判断し、確約手続通知を行った後、独占禁止法第47条の規定に基づく調査権限の行使、任意の供述聴取といった法的措置を採る上で必要となる事実の認定をするための調査を行うことは、法律上妨げられるものではないが、確約手続を円滑に進める観点から、確約認定申請に係る処分がされるまでの間に、被通知事業者に対し、当該被通知事業者に対する法的措置を採る上で必要となる事実の認定をするための調査は、原則として行わない。

しかし、例えば、確約手続通知後、確約計画の認定に当たって、①公正取引委員会が確約計画の却下事由に該当する心証を得ており、申請者から十分な疎明資料等が提出される見込みがない場合、②申請者の取引先等に対して事実関係の確認や意見聴取等を行うに当たり、当該取引先等から任意の調査に対する協力が得られない場合などについては、確約認定申請に係る処分がされるまでの間であっても、法的措置を採る上で必要となる事実の認定をするための調査を行うこともあり得る。

(2) 確約手続移行後における意見聴取の通知

公正取引委員会が、確約手続通知を行った後、確約認定申請に係る処分がされるまでの間に、被通知事業者に対して意見聴取の通知を行うことは、法律上妨げられるものではないが、原則として行わない。

(3) 確約手続において事業者から提出された資料の取扱い

公正取引委員会は、前記(1)記載のとおり、確約認定申請に係る処分がされるまでの間に、被通知事業者に対して法的措置を採る上で必要となる事実の認定をするための調査は、原則として行わない。

しかし、公正取引委員会が確約認定申請を却下した場合若しくは確約計画の認定を取り消した場合又は申請者が確約認定申請を取り下げた場合に、申請に当たって申請者から提出された資料が証拠として一切使用できないとすれば、法的措置を採る上で必要となる事実の認定に支障が生じるおそれがある。このため、この場合には、申請者から提出された資料を返却することはせず、かつ、法的措置を採る上で必要となる事実の認定を行うための証拠として使用することもあり得る。

以上

資料1-6　企業結合審査の手続に関する対応方針

「企業結合審査の手続に関する対応方針」新旧対照表

（下線部が変更箇所）

改　定　後	改　定　前
企業結合審査の手続に関する対応方針 平成23年6月14日 公　正　取　引　委　員　会 改定　平成27年4月1日 改定　平成30年9月26日	企業結合審査の手続に関する対応方針 平成23年6月14日 公　正　取　引　委　員　会 改定　平成27年4月1日
1～2　（略）	1～2　（略）
（削除）	3　届出後の手続の流れ 　届出会社が企業結合計画の届出書を当委員会に提出し、当委員会がこれを受理すると、独占禁止法第10条第8項本文（独占禁止法第15条第3項、第15条の2第4項、第15条の3第3項及び第16条第3項において読み替えて準用する場合を含む。）に規定されているとおり、届出会社は、届出受理の日から30日を経過するまでの期間は当該株式取得等を行うことができない（以下この期間を「禁止期間」という。）。ただし、当委員会は、独占禁止法第10条第8項ただし書の規定により、その必要があると認める場合には、禁止期間を短縮することができる（下記5(2)参照）。 　当委員会は、通常、禁止期間（独占禁止法第10条第8項ただし書の規定により短縮された場合はその期間）内に、当該企業結合計画について、①独占禁止法上問題がないと判断するか、②より詳細な審査が必要であるとし

改 定 後	改 定 前
	て、独占禁止法第10条第9項（独占禁止法第15条第3項、第15条の2第4項、第15条の3第3項及び第16条第3項において読み替えて準用する場合を含む。以下同じ。）に規定する必要な報告、情報又は資料の提出（以下「報告等」という。）の要請を行うか、いずれかの対応を採ることとなる（注2）。 ①の場合、企業結合審査の透明性を高めるため、当委員会は、「私的独占の禁止及び公正取引の確保に関する法律第9条から第16条までの規定による認可の申請、報告及び届出等に関する規則」（昭和28年公正取引委員会規則第1号。以下「届出規則」という。）第9条の規定による排除措置命令を行わない旨の通知（以下「排除措置命令を行わない旨の通知」という。）をする。 ②の場合、当委員会が排除措置命令前の通知（以下「事前通知」という。）をすることができる期間は、独占禁止法第10条第9項に規定されているとおり、届出受理の日から120日を経過した日と全ての報告等を受理した日から90日を経過した日とのいずれか遅い日までの期間に延長される（ただし、独占禁止法第10条第9項ただし書に掲げる場合を除く。）。この延長された期間内において、当委員会が、当該企業結合計画が独占禁止法上問題がないと判断する場合においても、①の場合と同様、排除措置命令を行わない旨の通知をする。 なお、以下においては、届出受理の日から報告等の要請を行う日の前日まで（報告等の要請を行わない場合は、排除措置命令を行わない旨の通知の日まで）の期間に行う審査を「第1次審査」、報告等の要請を行う日から事前通知の日まで（事前通知をしない場合

改　定　後	改　定　前
	は、排除措置命令を行わない旨の通知の日まで）の期間に行う審査を「第2次審査」という。 (注2) 独占禁止法第10条第9項に基づき、報告等の要請を行わずに事前通知をすることも可能である。
(削除)	4　当委員会による企業結合審査における論点等の説明並びに届出会社の意見書及び資料の提出 当委員会と届出会社との意思疎通を密にすることは、迅速かつ透明性の高い企業結合審査を可能とし、当委員会と届出会社の双方にとって有益であると考えられる。そのため、当委員会は、第1次審査及び第2次審査を行う期間(以下「審査期間」という。)において、届出会社から企業結合審査における論点等について説明を求められた場合又は必要と認める場合には、その時点における論点等について説明する。 また、届出会社は、届出規則第7条の2の規定に基づき、審査期間において、いつでも、当委員会に対し、意見書又は審査に必要と考える資料の提出(問題解消措置〔企業結合が一定の取引分野における競争を実質的に制限することとなる場合に、届出会社が一定の適切な措置を講じることにより、その問題を解消できるような措置をいう。以下同じ。〕の申出を含む。）をすることができる。ただし、意見書又は資料の提出の時期によっては、その内容が事前通知の内容等に十分に反映されない可能性がある。 なお、当委員会は、企業結合ガイドラインにおいて、企業結合審査の判断要素等を明らかにしているところ、企業結合審査において別添の資料を参考とすることが多い。

改定後	改定前
3　第1次審査（注2） (1)　届出書の受理 届出会社が企業結合計画の届出書を当委員会に提出し、当委員会がこれを受理すると、当委員会は、第1次審査を開始する。 企業結合計画の届出書の様式及び届出に必要な書類については、私的独占の禁止及び公正取引の確保に関する法律第9条から第16条までの規定による認可の申請、報告及び届出等に関する規則（昭和28年公正取引委員会規則第1号。以下「届出規則」という。）第2条の6、第5条、第5条の2、第5条の3及び第6条において規定されている。当委員会は、これらの規定に基づき提出された届出書を受理したときは、届出規則第7条第1項及び第2項に基づき、届出会社に対し届出受理書を交付する。 (注2)「第1次審査」とは、当委員会が、届出書を受理した後に行う企業結合審査であって、より詳細な審査が必要であるとして、届出会社に対し、独占禁止法第10条第9項（独占禁止法第15条第3項、第15条の2第4項、第15条の3第3項及び第16条第3項において読み替えて準用する場合を含む。以下同じ。）に規定する必要な報告、情報又は資料の提出（以下「報告等」という。）の要請以降に行うものを除く企業結合審査をいう。また、報告等の要請以降に行う企業結合審査を「第2次審査」という。	5　第1次審査 (1)　届出書の受理 企業結合計画の届出書の様式及び届出に必要な書類については、届出規則第2条の6、第5条、第5条の2、第5条の3及び第6条において規定されている。当委員会は、これらの規定に基づき提出された届出書を受理したときは、届出規則第7条第1項及び第2項に基づき、届出会社に対し届出受理書を交付する。
(2)　禁止期間 当委員会が届出書を受理した後、独占禁止法第10条第8項本文（独	(2)　第1次審査の終了 上記3において述べたとおり、第1次審査の結果、当委員会は、通常、

改定後	改定前
占禁止法第15条第3項、第15条の2第4項、第15条の3第3項及び第16条第3項において読み替えて準用する場合を含む。以下同じ。）に規定されているとおり、届出会社は、届出受理の日から30日を経過するまでの期間は当該株式取得等を行うことができない。ただし、当委員会は、独占禁止法第10条第8項ただし書の規定により、その必要があると認める場合には、当該期間を短縮することができる（以下独占禁止法第10条第8項本文に規定する30日の期間及び同項ただし書の規定により短縮された期間を「禁止期間」という。）。 (3)　第1次審査の流れ 　第1次審査において、当委員会は、通常、禁止期間内に、当該企業結合計画について、①独占禁止法上問題がないとして、届出規則第9条の規定による排除措置命令を行わない旨の通知（以下「排除措置命令を行わない旨の通知」という。）をするか、②より詳細な審査が必要であるとして、報告等の要請を行うか、③独占禁止法違反の疑いについて、当委員会と事業者（事業者団体等を含む。）との間の合意により自主的に解決するための独占禁止法第48条の2から第48条の9までに規定する手続（以下「確約手続」という。）に係る独占禁止法第48条の2の規定による通知（以下「確約手続通知」という。）を行うか、いずれかの対応を採ることとなる。 　①の場合、届出会社が書面により禁止期間の短縮を申し出たときには、速やかに排除措置命令を行わな	当該企業結合計画について、①独占禁止法上問題がないとして、排除措置命令を行わない旨の通知をするか、②より詳細な審査が必要であるとして、報告等の要請を行うか、いずれかの対応を採ることとなる。 　なお、届出会社が書面により禁止期間の短縮を申し出た場合であって、当委員会が①の対応を採るときは、速やかに排除措置命令を行わない旨の通知をするとともに、当該通知の日まで禁止期間の短縮を行う（企業結合ガイドライン（付）参照）（注3）。 　また、第1次審査が終了した事案のうち、例えば、第1次審査の段階で届出会社が問題解消措置を採ることを前提に当委員会が独占禁止法上問題ないと判断したものなど、他の会社等の参考となる事案については、これを公表する。

改定後	改定前
い旨の通知をするとともに、当該通知の日まで禁止期間の短縮を行う(注3)。また、第1次審査が終了した事案のうち、例えば、第1次審査の段階で届出会社が問題解消措置(企業結合が一定の取引分野における競争を実質的に制限することとなる場合に、届出会社が一定の適切な措置を講じることにより、その問題を解消できるような措置をいう。以下同じ。)を採ることを前提に当委員会が独占禁止法上問題ないと判断したものなど、他の会社等の参考となる事案については、これを公表する。 ②の場合、その後の具体的な手続の流れは、後記4のとおりである。 ③の場合、その後の具体的な手続の流れは、「確約手続に関する対応方針」(平成30年9月26日公正取引委員会)のとおりである。	
(注3) 当委員会が①の対応を採り、排除措置命令を行わない旨の通知をした後に、届出会社が書面により禁止期間の短縮を申し出た場合も、速やかに禁止期間の短縮を行う。	(注3) 当委員会が①の対応を採り、排除措置命令を行わない旨の通知をした後に、届出会社が書面により禁止期間の短縮を申し出た場合も、速やかに禁止期間の短縮を行う。
4 第2次審査 (1) 報告等の要請 当委員会は、届出会社に対し、報告等の要請を行い、第2次審査を開始する。 当委員会が届出会社に対し報告等の要請を行う場合には、届出会社に対し、届出規則第8条第1項に規定する報告等要請書を交付し、届出会社から全ての報告等を受理した場合には、届出会社に対し、同条第2項に規定する報告等受理書を交付する。同条第1項後段の規定により、	6 第2次審査 (1) 報告等の要請 当委員会が届出会社に対し報告等の要請を行う場合には、届出会社に対し、届出規則第8条第1項に規定する報告等要請書を交付し、届出会社から全ての報告等を受理した場合には、届出会社に対し、同条第2項に規定する報告等受理書を交付する。同条第1項後段の規定により、

改 定 後	改 定 前
報告等の要請を行うに当たっては、報告等を求める趣旨について、報告等要請書に記載する。 また、当委員会が届出会社に報告等の要請を行った場合、当委員会はその旨を公表する。	報告等の要請を行うに当たっては、報告等を求める趣旨について、報告等要請書に記載する。 また、当委員会が届出会社に報告等の要請を行った場合、当委員会はその旨を公表する。
(2)　第三者からの意見聴取 上記(1)により当委員会が報告等の要請を行う旨を公表した企業結合計画について意見がある者は、何人も、当該公表後30日以内に、当委員会に対して、意見書を提出することができる。	(2)　第三者からの意見聴取 上記(1)により当委員会が報告等の要請を行う旨を公表した企業結合計画について意見がある者は、何人も、当該公表後30日以内に、当委員会に対して、意見書を提出することができる。
(3)　第2次審査の流れ 第2次審査において、当委員会は、独占禁止法第10条第9項本文に規定する、届出受理の日から120日を経過した日と全ての報告等を受理した日から90日を経過した日とのいずれか遅い日までの期間内に、①独占禁止法上問題がないとして、排除措置命令を行わない旨の通知をするか、②確約手続通知を行うか、③独占禁止法第50条第1項の規定による意見聴取の通知（以下「意見聴取の通知」という。）をするか、いずれかの対応を採ることとなる。 ①の場合、当委員会は、独占禁止法上問題がないとする理由を書面により説明する。また、当該審査結果については公表する（注4）。 ②の場合、その後の具体的な手続は、「確約手続に関する対応方針」のとおりである。 ③の場合、その後の手続は、独占禁止法第8章第2節の規定に基づき行われることとなる。 （注4）当委員会が意見聴取の通知を	(3)　第2次審査の終了 ア　第2次審査の終了に関する通知等 第2次審査の結果、当委員会は、①独占禁止法上問題がないとして、排除措置命令を行わない旨の通知をするか、②事前通知をするか、いずれかの対応を採ることとなる。①の場合、当委員会は、独占禁止法上問題がないとする理由を書面により説明する。②の場合、その後の手続は、独占禁止法第8章第2節の規定に基づき行われる。 イ　第2次審査の終了に関する公表 第2次審査の結果、独占禁止法上問題がないとして、排除措置命令を行わない旨の通知をした場合には、当該審査結果について公表する（注4）。 （注4）当委員会が事前通知をした後、

改 定 後	改 定 前
した後、届出会社から問題解消措置の申出があるなどして、排除措置命令を行わないこととした事案についても、その企業結合審査の結果について公表する。	届出会社から問題解消措置の申出があるなどして、排除措置命令を行わないこととした事案についても、その企業結合審査の結果について公表する。
5 当委員会による企業結合審査における論点等の説明並びに届出会社の意見書及び資料の提出 当委員会と届出会社との意思疎通を密にすることは、迅速かつ透明性の高い企業結合審査を可能とし、当委員会と届出会社の双方にとって有益であると考えられる。そのため、当委員会は、第1次審査及び第2次審査を行う期間（以下「審査期間」という。）において、届出会社から企業結合審査における論点等について説明を求められた場合又は必要と認める場合には、その時点における論点等について説明する。 また、届出会社は、届出規則第7条の2の規定に基づき、審査期間において、いつでも、当委員会に対し、意見書又は審査に必要と考える資料の提出（問題解消措置の申出を含む。）をすることができる。ただし、意見書又は資料の提出の時期によっては、その内容が意見聴取の通知の内容等に十分に反映されない可能性がある。 問題解消措置については、届出会社が届出書にその内容を記載する（届出後に問題解消措置の申出をする場合は、届出規則第7条第3項の規定に基づく変更報告書を提出するか、届出規則第7条第4項の規定に基づき届出書を再提出するか、いずれかの方法により行うこととなる。）ことで、これを前提とした企業結合審査が行われることとなる。	（新設）

改　定　後	改　定　前
また、当委員会が確約手続に付すことが適当であると判断し、届出会社も確約手続に付すことを希望する場合などには、届出会社に対して確約手続通知を行う。この場合、届出会社は、独占禁止法第48条の3第1項の規定に基づき、問題解消措置を記載した排除措置計画の認定の申請を検討することとなる。 　なお、当委員会は、企業結合ガイドラインにおいて、企業結合審査の判断要素等を明らかにしているところ、企業結合審査において別添の資料を参考とすることが多い。	
6　届出を要しない企業結合の計画に関する相談 　国内売上高等が届出基準を満たさないために届出を要しない企業結合、又は届出の対象となっていないために届出を要しない役員兼任等の企業結合を計画している会社から、当委員会に対し、当該企業結合の計画に関して、具体的な計画内容を示して相談があった場合には、上記2～5の手続に準じて対応することとする。 　なお、次の場合は、当該相談に関する審査を中止する。 (1)　当委員会が相談会社に求めた資料の提出が行われなかった場合 (2)　相談会社から相談の取下げの申出があった場合	7　届出を要しない企業結合の計画に関する相談 　国内売上高等が届出基準を満たさないために届出を要しない企業結合、又は届出の対象となっていないために届出を要しない役員兼任等の企業結合を計画している会社から、当委員会に対し、当該企業結合の計画に関して、具体的な計画内容を示して相談があった場合には、上記3～6の手続に準じて対応することとする。 　なお、次の場合は、当該相談に関する審査を中止する。 (1)　当委員会が相談会社に求めた資料の提出が行われなかった場合 (2)　相談会社から相談の取下げの申出があった場合
(削除)	8　旧対応方針に基づく相談の取扱い 　本対応方針の適用前に、旧対応方針に基づき、企業結合の計画が独占禁止法上問題があるか否かについての相談の申出があり、当委員会が未だ回答を行っていないものに関しては、旧対応方針に基づき従前のとおり対応する。

改定後

別紙　届出書提出先

	連絡先	管轄地域
公正取引委員会事務総局 〒100-8987 東京都千代田区霞が関1-1-1 中央合同庁舎第6号館B棟	経済取引局企業結合課 TEL：(03)3581-3719 FAX：(03)3581-5771	茨城県・栃木県・群馬県 埼玉県・千葉県・東京都 神奈川県・新潟県・長野県 山梨県
北海道事務所 〒060-0042 札幌市中央区大通西12丁目 札幌第3合同庁舎	総務課 TEL：(011)231-6300 FAX：(011)261-1719	北海道
東北事務所 〒980-0014 仙台市青葉区本町3-2-23 仙台第2合同庁舎	総務課 TEL：(022)225-7095 FAX：(022)261-3548	青森県・岩手県・宮城県 秋田県・山形県・福島県
中部事務所 〒460-0001 名古屋市中区三の丸2-5-1 名古屋合同庁舎第2号館	経済取引指導官 TEL：(052)961-9422 FAX：(052)971-5003	富山県・石川県・岐阜県 静岡県・愛知県・三重県
近畿中国四国事務所 〒540-0008 大阪市中央区大手前4-1-76 大阪合同庁舎第4号館	経済取引指導官 TEL：(06)6941-2174 FAX：(06)6943-7214	福井県・滋賀県・京都府 大阪府・兵庫県・奈良県 和歌山県
近畿中国四国事務所中国支所	総務課 TEL：(082)228-1501	鳥取県・島根県・岡山県 広島県・山口

改定前

別紙　届出書提出先

	連絡先	管轄地域
公正取引委員会事務総局 〒100-8987 東京都千代田区霞が関1-1-1 中央合同庁舎第6号館B棟	経済取引局企業結合課 TEL：(03)3581-3719 FAX：(03)3581-5771	茨城県・栃木県・群馬県 埼玉県・千葉県・東京都 神奈川県・新潟県・長野県 山梨県
北海道事務所 〒060-0042 札幌市中央区大通西12丁目 札幌第3合同庁舎	総務課 TEL：(011)231-6300 FAX：(011)261-1719	北海道
東北事務所 〒980-0014 仙台市青葉区本町3-2-23 仙台第2合同庁舎	総務課 TEL：(022)225-7095 FAX：(022)261-3548	青森県・岩手県・宮城県 秋田県・山形県・福島県
中部事務所 〒460-0001 名古屋市中区三の丸2-5-1 名古屋合同庁舎第2号館	経済取引指導官 TEL：(052)961-9422 FAX：(052)971-5003	富山県・石川県・岐阜県 静岡県・愛知県・三重県
近畿中国四国事務所 〒540-0008 大阪市中央区大手前4-1-76 大阪合同庁舎第4号館	経済取引指導官 TEL：(06)6941-2174 FAX：(06)6943-7214	福井県・滋賀県・京都府 大阪府・兵庫県・奈良県 和歌山県
近畿中国四国事務所中国支所	総務課 TEL：(082)228-1501	鳥取県・島根県・岡山県 広島県・山口

改定後			改定前		
〒730-0012 広島市中区上八丁堀6-30 広島合同庁舎第4号館	FAX：(082) 223-3123	県	〒730-0012 広島市中区上八丁堀6-30 広島合同庁舎第4号館	FAX：(082) 223-3123	県
近畿中国四国事務所四国支所 〒760-0019 高松市サンポート3-33 高松サンポート合同庁舎南館8階	総務課 TEL：(087) 811-1750 FAX：(087) 811-1761	徳島県・香川県・愛媛県 高知県	近畿中国四国事務所四国支所 〒760-0068 高松市松島町1-17-33 高松第2地方合同庁舎	総務課 TEL：(087) 834-1441 FAX：(087) 862-1994	徳島県・香川県・愛媛県 高知県
九州事務所 〒812-0013 福岡市博多区博多駅東2-10-7 福岡第2合同庁舎別館	経済取引指導官 TEL：(092) 431-5882 FAX：(092) 474-5465	福岡県・佐賀県・長崎県 熊本県・大分県・宮崎県 鹿児島県	九州事務所 〒812-0013 福岡市博多区博多駅東2-10-7 福岡第2合同庁舎別館	経済取引指導官 TEL：(092) 431-5882 FAX：(092) 474-5465	福岡県・佐賀県・長崎県 熊本県・大分県・宮崎県 鹿児島県
内閣府沖縄総合事務局 総務部公正取引室 〒900-0006 那覇市おもろまち2-1-1 那覇第2地方合同庁舎2号館	公正取引室 TEL：(098) 866-0049 FAX：(098) 860-1110	沖縄県	内閣府沖縄総合事務局 総務部公正取引室 〒900-0006 那覇市おもろまち2-1-1 那覇第2地方合同庁舎2号館	公正取引室 TEL：(098) 866-0049 FAX：(098) 860-1110	沖縄県

（改定後）
(略)

（改定前）
別添　公正取引委員会が企業結合審査において参考とする資料の例

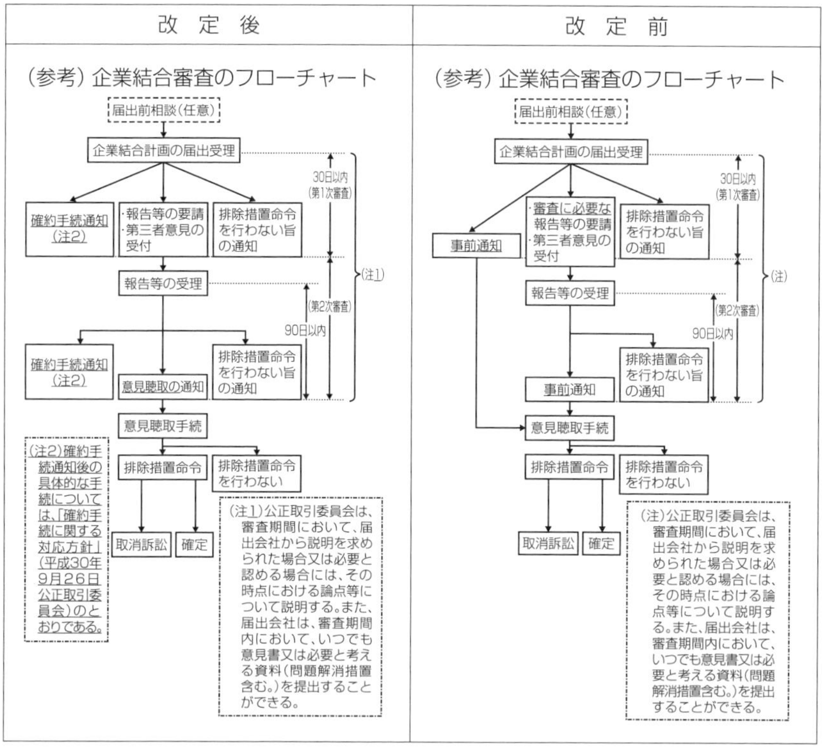
改定後
（参考）企業結合審査のフローチャート
届出前相談（任意）
企業結合計画の届出受理
30日以内（第1次審査）
確約手続通知（注2）
・報告等の要請
・第三者意見の受付
排除措置命令を行わない旨の通知
報告等の受理
（注1）
（第2次審査）
90日以内
確約手続通知（注2）
意見聴取の通知
排除措置命令を行わない旨の通知
意見聴取手続
（注2）確約手続通知後の具体的な手続については、「確約手続に関する対応方針」（平成30年9月26日公正取引委員会）のとおりである。
排除措置命令
排除措置命令を行わない
取消訴訟
確定
（注1）公正取引委員会は、審査期間において、届出会社から説明を求められた場合又は必要と認める場合には、その時点における論点等について説明する。また、届出会社は、審査期間内において、いつでも意見書又は必要と考える資料（問題解消措置含む。）を提出することができる。
改定前
（参考）企業結合審査のフローチャート
届出前相談（任意）
企業結合計画の届出受理
30日以内（第1次審査）
事前通知
・審査に必要な報告等の要請
・第三者意見の受付
排除措置命令を行わない旨の通知
報告等の受理
（注）
（第2次審査）
90日以内
排除措置命令を行わない旨の通知
事前通知
意見聴取手続
排除措置命令
排除措置命令を行わない
取消訴訟
確定
（注）公正取引委員会は、審査期間において、届出会社から説明を求められた場合又は必要と認める場合には、その時点における論点等について説明する。また、届出会社は、審査期間内において、いつでも意見書又は必要と考える資料（問題解消措置含む。）を提出することができる。

第2章 参考資料

資料2-1 TPP 協定第16章（競争政策章）

1 英文

CHAPTER 16

COMPETITION POLICY

Article 16.1 : Competition Law and Authorities and Anticompetitive Business Conduct[1]

1. Each Party shall adopt or maintain national competition laws that proscribe anticompetitive business conduct, with the objective of promoting economic efficiency and consumer welfare, and shall take appropriate action with respect to that conduct. These laws should take into account the *APEC Principles to Enhance Competition and Regulatory Reform*, done at Auckland, September 13, 1999.

2. Each Party shall endeavour to apply its national competition laws to all commercial activities in its territory.[2] However, each Party may provide for certain exemptions from the application of its national competition laws provided that those exemptions are transparent and are based on public policy grounds or public interest grounds.

---

[1] This Article is subject to Annex 16-A（Application of Article 16.2, Article 16.3 and Article 16.4 to Brunei Darussalam).

[2] For greater certainty, nothing in paragraph 2 shall be construed to preclude a Party from applying its competition laws to commercial activities outside its borders that have anticompetitive effects within its jurisdiction.

3. Each Party shall maintain an authority or authorities responsible for the enforcement of its national competition laws (national competition authorities). Each Party shall provide that it is the enforcement policy of that authority or authorities to act in accordance with the objectives set out in paragraph 1 and not to discriminate on the basis of nationality.

Article 16.2 : Procedural Fairness in Competition Law Enforcement[3]

1. Each Party shall ensure that before it imposes a sanction or remedy against a person for violating its national competition laws, it affords that person :

(a) information about the national competition authority's competition concerns ;

(b) a reasonable opportunity to be represented by counsel ; and

(c) a reasonable opportunity to be heard and present evidence in its defence, except that a Party may provide for the person to be heard and present evidence within a reasonable time after it imposes an interim sanction or remedy.

In particular, each Party shall afford that person a reasonable opportunity to present evidence or testimony in its defence, including : if applicable, to offer the analysis of a properly qualified expert, to cross-examine any testifying witness ; and to review and rebut the evidence introduced in the enforcement proceeding[4].

2. Each Party shall adopt or maintain written procedures pursuant to which

[3] This Article is subject to Annex 16-A (Application of Article 16.2, Article 16.3 and Article 16.4 to Brunei Darussalam).

[4] For the purposes of this Article, "enforcement proceedings" means judicial or administrative proceedings following an investigation into the alleged violation of the competition laws.

its national competition law investigations are conducted. If these investigations are not subject to definitive deadlines, each Party's national competition authorities shall endeavour to conduct their investigations within a reasonable time frame.

3.　Each Party shall adopt or maintain rules of procedure and evidence that apply to enforcement proceedings concerning alleged violations of its national competition laws and the determination of sanctions and remedies thereunder. These rules shall include procedures for introducing evidence, including expert evidence if applicable, and shall apply equally to all parties to a proceeding.

4.　Each Party shall provide a person that is subject to the imposition of a sanction or remedy for violation of its national competition laws with the opportunity to seek review of the sanction or remedy, including review of alleged substantive or procedural errors, in a court or other independent tribunal established under that Party's laws.

5.　Each Party shall authorise its national competition authorities to resolve alleged violations voluntarily by consent of the authority and the person subject to the enforcement action. A Party may provide for such voluntary resolution to be subject to judicial or independent tribunal approval or a public comment period before becoming final.

6.　If a Party's national competition authority issues a public notice that reveals the existence of a pending or ongoing investigation, that authority shall avoid implying in that notice that the person referred to in that notice has engaged in the alleged conduct or violated the Party's national competition laws.

7.　If a Party's national competition authority alleges a violation of its national competition laws, that authority shall be responsible for establishing the legal and factual basis for the alleged violation in an enforcement proceeding.[5]

8.　Each Party shall provide for the protection of business confidential information, and other information treated as confidential under its law, obtained by its national competition authorities during the investigative process. If a Party's national competition authority uses or intends to use that information in an enforcement proceeding, the Party shall, if it is permissible under its law and as appropriate, provide a procedure to allow the person under investigation timely access to information that is necessary to prepare an adequate defence to the national competition authority's allegations.

9. Each Party shall ensure that its national competition authorities afford a person under investigation for possible violation of the national competition laws of that Party reasonable opportunity to consult with those competition authorities with respect to significant legal, factual or procedural issues that arise during the investigation.

Article 16.3 : Private Rights of Action[6]

1. For the purposes of this Article, "private right of action" means the right of a person to seek redress, including injunctive, monetary or other remedies, from a court or other independent tribunal for injury to that person's business or property caused by a violation of national competition laws, either independently or following a finding of violation by a national competition authority.

2. Recognising that a private right of action is an important supplement to the public enforcement of national competition laws, each Party should adopt or maintain laws or other measures that provide an independent private right of action.

---

[5] Nothing in this paragraph shall prevent a Party from requiring that a person against whom such an allegation is made be responsible for establishing certain elements in defence of the allegation.

[6] This Article is subject to Annex 16-A（Application of Article 16.2, Article 16.3 and Article 16.4 to Brunei Darussalam）.

3. If a Party does not adopt or maintain laws or other measures that provide an independent private right of action, the Party shall adopt or maintain laws or other measures that provide a right that allows a person：

(a) to request that the national competition authority initiate an investigation into an alleged violation of national competition laws； and

(b) to seek redress from a court or other independent tribunal following a finding of violation by the national competition authority.

4. Each Party shall ensure that a right provided pursuant to paragraph 2 or 3 is available to persons of another Party on terms that are no less favourable than those available to its own persons.

5. A Party may establish reasonable criteria for the exercise of any rights it creates or maintains in accordance with this Article.

Article 16.4：Cooperation

1. The Parties recognise the importance of cooperation and coordination between their respective national competition authorities to foster effective competition law enforcement in the free trade area. Accordingly, each Party shall：

(a) cooperate in the area of competition policy by exchanging information on the development of competition policy； and

(b) cooperate, as appropriate, on issues of competition law enforcement, including through notification, consultation and the exchange of information.

2. A Party's national competition authorities may consider entering into a cooperation arrangement or agreement with the competition authorities of another Party that sets out mutually agreed terms of cooperation.

3. The Parties agree to cooperate in a manner compatible with their respective laws, regulations and important interests, and within their reasonably available resources.

Article 16.5：Technical Cooperation

Recognising that the Parties can benefit by sharing their diverse experience in developing, applying and enforcing competition law and in developing and implementing competition policies, the Parties shall consider undertaking mutually agreed technical cooperation activities, subject to available resources, including：

(a) providing advice or training on relevant issues, including through the exchange of officials；

(b) exchanging information and experiences on competition advocacy, including ways to promote a culture of competition；and

(c) assisting a Party as it implements a new national competition law.

Article 16.6：Consumer Protection

1. The Parties recognise the importance of consumer protection policy and enforcement to creating efficient and competitive markets and enhancing consumer welfare in the free trade area.

2. For the purposes of this Article, fraudulent and deceptive commercial

activities refers to those fraudulent and deceptive commercial practices that cause actual harm to consumers, or that pose an imminent threat of such harm if not prevented, for example :

(a) a practice of making misrepresentations of material fact, including implied factual misrepresentations, that cause significant detriment to the economic interests of misled consumers ;

(b) a practice of failing to deliver products or provide services to consumers after the consumers are charged ; or

(c) a practice of charging or debiting consumers' financial, telephone or other accounts without authorisation.

3. Each Party shall adopt or maintain consumer protection laws or other laws or regulations that proscribe fraudulent and deceptive commercial activities.[7]

4. The Parties recognise that fraudulent and deceptive commercial activities increasingly transcend national borders and that cooperation and coordination between the Parties is desirable to effectively address these activities.

5. Accordingly, the Parties shall promote, as appropriate, cooperation and coordination on matters of mutual interest related to fraudulent and deceptive commercial activities, including in the enforcement of their consumer protection laws.

6. The Parties shall endeavour to cooperate and coordinate on the matters set out in this Article through the relevant national public bodies or officials responsible for consumer protection policy, laws or enforcement, as determined by each Party and compatible with their respective laws, regulations and

---

[7] For greater certainty, the laws or regulations a Party adopts or maintains to proscribe these activities can be civil or criminal in nature.

important interests and within their reasonably available resources.

Article 16.7 : Transparency

1. The Parties recognise the value of making their competition enforcement policies as transparent as possible.

2. Recognising the value of the *APEC Competition Law and Policy Database* in enhancing the transparency of national competition laws, policies and enforcement activities, each Party shall endeavour to maintain and update its information on that database.

3. On request of another Party, a Party shall make available to the requesting Party public information concerning :

(a) its competition law enforcement policies and practices ; and

(b) exemptions and immunities to its national competition laws, provided that the request specifies the particular good or service and market of concern and includes information explaining how the exemption or immunity may hinder trade or investment between the Parties.

4. Each Party shall ensure that a final decision finding a violation of its national competition laws is made in writing and sets out, in non-criminal matters, findings of fact and the reasoning, including legal and, if applicable, economic analysis, on which the decision is based.

5. Each Party shall further ensure that a final decision referred to in paragraph 4 and any order implementing that decision are published, or if publication is not practicable, are otherwise made available to the public in a manner that enables interested persons and other Parties to become acquainted

with them. Each Party shall ensure that the version of the decision or order that is made available to the public does not include confidential information that is protected from public disclosure by its law.

Article 16.8 : Consultations

In order to foster understanding between the Parties, or to address specific matters that arise under this Chapter, on request of another Party, a Party shall enter into consultations with the requesting Party. In its request, the requesting Party shall indicate, if relevant, how the matter affects trade or investment between the Parties. The Party addressed shall accord full and sympathetic consideration to the concerns of the requesting Party.

Article 16.9 : Non-Application of Dispute Settlement

No Party shall have recourse to dispute settlement under Chapter 28 (Dispute Settlement) for any matter arising under this Chapter.

ANNEX 16-A：

APPLICATION OF ARTICLE 16.2 (PROCEDURAL FAIRNESS IN COMPETITION LAW ENFORCEMENT), ARTICLE 16.3 (PRIVATE RIGHTS OF ACTION) AND ARTICLE 16.4 (COOPERATION) TO BRUNEI DARUSSALAM

1. If as of the date of entry into force of this Agreement, Brunei Darussalam does not have a national competition law which is in force and has not established a national competition authority, Article 16.2 (Procedural Fairness in Competition Law Enforcement), Article 16.3 (Private Rights of Action) and Article 16.4 (Cooperation) shall not apply to Brunei Darussalam for a period of no longer than 10 years after that date.

2. If Brunei Darussalam establishes a national competition authority or authorities before the end of the 10-year period, Article 16.2 (Procedural Fairness in Competition Law Enforcement), Article 16.3 (Private Rights of Action) and Article 16.4 (Cooperation) shall apply to Brunei Darussalam from the date of establishment.

3. During the 10 year period, Brunei Darussalam shall take such steps as may be necessary to ensure that it is in compliance with Article 16.2 (Procedural Fairness in Competition Law Enforcement), Article 16.3 (Private Rights of Action) and Article 16.4 (Cooperation) at the end of the 10-year period and shall endeavour to comply with these obligations before the end of such period. Upon request of a Party, Brunei Darussalam shall inform the Parties of its progress since entry into force of the Agreement in developing and implementing an appropriate national competition law and establishing a national competition authority or authorities.

2　和文

第十六章　競争政策

第十六・一条　競争法令及び競争当局並びに反競争的な事業行為(注1)

1　各締約国は、経済効率及び消費者の福祉を促進することを目的として、反競争的な事業行為を禁止する競争に関する国の法令（以下この章において「国の競争法令」という。）を制定し、又は維持し、並びに反競争的な事業行為に関連して適当な手段をとる。国の競争法令については、千九百九十九年九月十三日にオークランドで作成された競争及び規制改革を強化するためのAPECの原則を考慮すべきである。

2　各締約国は、自国の領域における全ての商業活動について自国の国の競争法令を適用するよう努める(注2)。もっとも、各締約国は、自国の国の競争法令の適用除外について、当該適用除外が透明性を有し、かつ、公共政策又は公共の利益に基づくものである場合には、これを定めることができる。

3　各締約国は、自国の国の競争法令の執行について責任を負う一又は二以上の当局（以下この章において「国の競争当局」という。）を維持する。各締約国は、1に規定する目的に従って行動すること及び国籍に基づく差別を行わないことが自国の国の競争当局の執行政策であることを定める。

第十六・二条　競争法令の執行における手続の公正な実施(注3)

1　各締約国は、自国の国の競争法令に違反した者に対し、制裁を科し、又は是正措置をとる前に、次のことを確保する。

(a)　自国の国の競争当局が有する競争上の懸念について情報を提供すること。

(b)　弁護人により代理される合理的な機会を与えること。

(注1)　この条の規定は、附属書十六—A（第十六・二条（競争法令の執行における手続の公正な実施）、第十六・三条（私訴に係る権利）及び第十六・四条（協力）の規定のブルネイ・ダルサラーム国についての適用）の規定に従って適用される。

(注2)　この2のいかなる規定も、締約国が自国の国境の外における商業活動であって、自国の管轄内で反競争的な効果を有するものについて自国の競争法令を適用することを妨げるものと解してはならない。

(注3)　この条の規定は、附属書十六—A（第十六・二条（競争法令の執行における手続の公正な実施）、第十六・三条（私訴に係る権利）及び第十六・四条（協力）の規定のブルネイ・ダルサラーム国についての適用）の規定に従って適用される。

(c) 自己の防御のために陳述し、かつ、証拠を提出する合理的な機会を与えること。もっとも、締約国は、当該者に対し、暫定的な制裁を科し、又は暫定的な是正措置をとった後合理的な期間内に、陳述し、かつ、証拠を提出する機会を与えることができる。

特に、各締約国は、当該者に対し、自己の防御のために証拠又は証言を提出する合理的な機会（適当な場合には、適切な資格を有する専門家による分析の提供、証言する証人に対する反対尋問の実施並びに執行の手続(注4)において提出される証拠に関する検討及び反証の機会を含む。）を与える。

2 各締約国は、自国の国の競争法令に係る審査又は捜査を行う際に従うべき手続を書面により採用し、又は維持する。各締約国の国の競争当局は、審査又は捜査に確定的な期限が定められていない場合には、合理的な期間内に審査又は捜査を行うよう努める。

3 各締約国は、自国の国の競争法令の違反の疑い並びに当該国の競争法令に基づく制裁及び是正措置の決定に関して行われる執行の手続について適用される規則であって手続及び証拠に関するものを採用し、又は維持する。この規則は、証拠（適当な場合には、専門家によるものを含む。）の提出に関する手続を含むものとし、手続の全ての当事者についてひとしく適用する。

4 各締約国は、自国の国の競争法令の違反について、制裁又は是正措置の対象となる者に対し、裁判所又は当該締約国の法令に基づいて設置される他の独立した審判所において、当該制裁又は是正措置に関する再審理（実体的な又は手続上の誤りがあると申し立てられる場合の再審理を含む。）を求める機会を与える。

5 各締約国は、自国の国の競争当局に対し、違反の疑いについて、当該国の競争当局とその執行の活動の対象となる者との間の合意により自主的に解決する権限を与える。締約国は、その自主的な解決が確定する前に、当該解決について司法裁判所若しくは独立した審判所による承認又は一定の期間の公衆による意見提出の対象とすることを定めることができる。

6 締約国の国の競争当局は、進行中の審査又は捜査の存在を明らかにする公告を行う場合には、当該公告において、当該公告に掲載されている者が疑いの対象となる行為に従事したこと又は当該締約国の国の競争法令に違反したことを

(注4) この条の規定の適用上、「執行の手続」とは、国の競争法令の違反の疑いに関する審査又は捜査に続いて行われる司法上又は行政上の手続をいう。

意味することを避ける。

7　締約国の国の競争当局は、自国の国の競争法令の違反がある旨の主張を行う場合には、執行の手続において当該違反の法的根拠及び根拠とされる事実を立証する責任を負う(注5)。

8　各締約国は、自国の国の競争当局が審査又は捜査の過程において入手する事業上の秘密の情報及び自国の法令により秘密として取り扱われるその他の情報の保護について定める。締約国は、自国の国の競争当局が執行の手続においてそれらの情報を使用する場合又は使用する意図を有する場合において、その使用が自国の法令によって許容され、かつ、適当なときは、審査又は捜査の対象となる者が当該国の競争当局の主張に対して適切な防御の準備を行うために必要な情報を適時に入手することを認めるための手続を定める。

9　各締約国は、自国の国の競争当局が、自国の国の競争法令の違反の可能性に関する審査又は捜査の対象となる者に対し、当該審査又は捜査において生ずる重要な法律上、事実上又は手続上の問題について当該国の競争当局と協議する適当な機会を与えることを確保する。

第十六・三条　私訴に係る権利(注6)

1　この条の規定の適用上、「私訴に係る権利」とは、国の競争法令の違反により自己の事業又は財産に損害を受けた者が、独自に又は国の競争当局による当該違反の認定の後に、裁判所又は他の独立した審判所による救済（差止め、金銭的救済その他の救済を含む。）を求める権利をいう。

2　各締約国は、私訴に係る権利が国の競争法令の公的な執行を補完する重要なものであることを認め、独自に行使される私訴に係る権利について定める法令その他の措置を採用し、又は維持すべきである。

3　締約国は、独自に行使される私訴に係る権利について定める法令その他の措置を採用せず、又は維持しない場合には、1に規定する者に対して次のことを

(注5)　この7のいかなる規定も、締約国が、当該主張を擁護するために、当該主張の対象となる者に対し、一定の要件について立証する責任を負うことを求めることを妨げるものではない。

(注6)　この条の規定は、附属書十六―A（第十六・二条（競争法令の執行における手続の公正な実施）、第十六・三条（私訴に係る権利）及び第十六・四条（協力）の規定のブルネイ・ダルサラーム国についての適用）の規定に従って適用される。

認める権利を定める法令その他の措置を採用し、又は維持する。

(a) 国の競争当局が国の競争法令の違反の疑いに関する審査又は捜査を開始するよう要請すること。

(b) 国の競争当局による違反の認定の後、裁判所又は他の独立した審判所に救済を求めること。

4 各締約国は、2又は3の規定に従って定める権利について、自国の者に与えられる条件よりも不利でない条件で他の締約国の者が行使することができることを確保する。

5 締約国は、この条の規定に基づいて創設し、又は維持する権利を行使するための合理的な基準を定めることができる。

第十六条・四条　協力

1 締約国は、自由貿易地域における競争法令の効果的な執行を促進するための国の競争当局の間の協力及び調整の重要性を認める。したがって、各締約国は、次のことを行う。

(a) 競争政策の策定に関する情報を交換することにより競争政策の分野において協力すること。

(b) 適当な場合には、競争法令の執行に関する問題について協力すること（通報、協議及び情報の交換を通じて協力することを含む。）。

2 締約国の国の競争当局は、他の締約国の競争当局との間で、相互に合意する協力の条件を定める協力に関する取決め又は合意を行うことを検討することができる。

3 締約国は、自国の法令及び重要な利益に適合する態様により、かつ、自国の合理的に利用可能な資源の範囲内で協力することに合意する。

第十六・五条　技術協力

締約国は、競争法令の策定、適用及び執行並びに競争政策の策定及び実施における多様な経験を共有することにより締約国が利益を享受し得ることを認め、利用可能な資源の範囲内で、次の活動を含む相互に合意する技術協力を行うことを検討する。

(a) 関連する問題についての助言又は訓練の提供（職員の交流によるものを含む。）

(b) 競争に関する啓発についての情報及び経験の交換（競争的な文化を促進す

るための方法についてのものを含む。)

(c)　新たな国の競争法令を実施する締約国に対する支援

第十六・六条　消費者の保護

1　締約国は、自由貿易地域において効率的かつ競争的な市場を創設し、及び消費者の福祉を向上させる上での消費者の保護に関する政策及びその執行の重要性を認める。

2　この条の規定の適用上、詐欺的又は欺まん的な商業活動とは、消費者に現実の害をもたらし、又は防止されない場合に現実の害をもたらす急迫したおそれがある詐欺的又は欺まん的な商業行為をいい、次の行為を含む。

(a)　重要な事実に関して誤った表示(その暗示を含む。)を行う行為であって、誤認した消費者の経済的利益に重大な損失をもたらすもの

(b)　消費者による代金の支払の後、当該消費者に商品を引き渡さず、又はサービスを提供しない行為

(c)　許可なく、消費者の金融口座、電話料金のための口座その他の口座に請求をし、又はこれらの口座から引落としをする行為

3　各締約国は、消費者の保護に関する法律その他詐欺的又は欺まん的な商業活動を禁止する法令を制定し、又は維持する(注7)。

4　締約国は、国境を越える詐欺的又は欺まん的な商業活動が増大していること並びにこのような活動に効果的に対処するために締約国間の協力及び調整が望ましいことを認める。

5　締約国は、適当な場合には、詐欺的又は欺まん的な商業活動に関して相互に関心を有する事項について協力及び調整(消費者の保護に関する法律の執行における協力及び調整を含む。)を促進する。

6　各締約国は、自国が決定する消費者の保護に関する政策、法律又はこれらの執行について責任を負う国の関連する公的機関又はその職員を通じ、この条に規定する事項であって自国の法令及び重要な利益に適合するものについて、自国の合理的に利用可能な資源の範囲内で協力し、及び調整するよう努める。

(注7)　詐欺的又は欺まん的な商業活動を禁止するために締約国が制定し、又は維持する法令は、民事又は刑事のものとすることができる。

第十六・七条　透明性

1　締約国は、自国の競争に関する執行政策をできる限り透明性のあるものとすることの価値を認める。

2　各締約国は、国の競争法令並びに競争に関する国の政策及び執行活動の透明性を向上させる上でAPECの競争法及び競争政策に関するデータベースが有する価値を認め、当該データベースにおける自国の情報を維持し、及び更新するよう努める。

3　締約国は、他の締約国からの要請があった場合には、当該要請を行った他の締約国に対し、次の事項に関する公開情報を入手可能なものとする。

(a)　自国の競争法令の執行に関する政策及び実務

(b)　自国の国の競争法令の適用除外及び免除。ただし、当該要請において、関心のある物品又はサービス及び市場が特定され、かつ、当該適用除外又は免除がどのように締約国間の貿易又は投資を妨げるおそれがあるかについて説明する情報が含まれる場合に限る。

4　各締約国は、自国の国の競争法令の違反を認定する最終的な決定が書面によって行われること並びに刑事事件でない場合には当該決定にその基礎となった事実認定及び論拠（法的分析及び適当な場合には経済的分析を含む。）を記載することを確保する。

5　各締約国は、更に、4に規定する最終的な決定及び当該決定を実施する命令を公表すること又はその公表が可能でない場合には利害関係者及び他の締約国が知ることができるような他の方法によりこれらを公に入手可能なものとすることを確保する。各締約国は、公に入手可能なものとされる当該決定又は当該命令が、自国の法令により公への開示から保護されている秘密の情報を含まないことを確保する。

第十六・八条　協議

締約国は、他の締約国からの要請があった場合には、締約国間の理解を促進し、又はこの章の規定の下で生ずる特定の問題に対処するため、当該要請を行った他の締約国と協議する。当該要請を行った他の締約国は、当該要請において、適当な場合には、その問題がどのように締約国間の貿易又は投資に影響を及ぼすかについて明示する。当該要請を受けた締約国は、当該要請を行った他の締約国の懸念に対して十分かつ好意的な考慮を払う。

第十六・九条　紛争解決の不適用

いずれの締約国も、この章の規定の下で生ずる事項について、第二十八章（紛争解決）の規定による紛争解決を求めてはならない。

附属書十六―A　第十六・二条（競争法令の執行における手続の公正な実施）、第十六・三条（私訴に係る権利）及び第十六・四条（協力）の規定のブルネイ・ダルサラーム国についての適用

1　第十六・二条（競争法令の執行における手続の公正な実施）、第十六・三条（私訴に係る権利）及び第十六・四条（協力）の規定は、ブルネイ・ダルサラーム国がこの協定の効力発生の日に有効な国の競争法令を有せず、又は国の競争当局を設置していない場合には、当該効力発生の日の後十年を超えない期間、同国については、適用しない。

2　ブルネイ・ダルサラーム国が1に定める十年の期間の満了前に一又は二以上の国の競争当局を設置する場合には、第十六・二条（競争法令の執行における手続の公正な実施）、第十六・三条（私訴に係る権利）及び第十六・四条（協力）の規定は、その設置の日から同国について適用する。

3　ブルネイ・ダルサラーム国は、1に定める十年の期間の間に、当該十年の期間の満了の時点において同国が第十六・二条（競争法令の執行における手続の公正な実施）、第十六・三条（私訴に係る権利）及び第十六・四条（協力）の規定を遵守していることを確保するために必要な手段をとるものとし、当該十年の期間の満了の時点までにこれらの義務を履行するよう努める。同国は、いずれかの締約国からの要請があった場合には、全ての締約国に対し、適当な国の競争法令の策定及び実施並びに一又は二以上の国の競争当局の設置に係るこの協定の効力発生以後の進捗状況を通報する。

資料 2-2　諸外国における「合意により事件を解決する制度」(TPP 協定参加国及び EU・中国・韓国)

(平成 28 年 9 月末時点)

国	制度の概要	効果
米国 司法省 (DOJ)	事業者と DOJ が、あらかじめ判決の内容について合意した場合に、裁判所が合意の内容に沿った判決を出す	・調査は終結する ・裁判所は違反行為の認定を行わない ・事業者が法違反を認めたこととはならない
米国 連邦取引 委員会 (FTC)	事業者と FTC が、あらかじめ命令の内容について合意し、その後の手続を受ける権利及び提訴権を放棄した場合に、FTC が合意の内容に沿った命令をする	・調査は終結する ・違反行為の認定は行わない ・事業者が法違反を認めたこととはならない
カナダ	事業者と競争局長官との間で、同意協定について合意する	・調査は終結する ・命令と同様の強制力及び効果が生じる
オーストラリア	競争・消費者委員会は、事業者が提出した確約を承認する決定をする	・競争・消費者委員会は事業者を裁判所に提訴しない ・事業者は違反行為を自認する
ニュージーランド	事業者が和解案を申請し、商務委員会が承認する	・商務委員会はほとんどの場合において違反行為の自認を要求し、自認があれば制裁金が減額される
シンガポール	事業者による確約の提案に対して、競争委員会が承認する	・調査は終結する
メキシコ	事業者が、書面で実行可能な確約を提示し、連邦競争委員会が承認する	・制裁金の免除又は減額
チリ	事業者と国家経済検察庁の合意について、競争裁判所が承認する	・競争裁判所の承認を得て執行されると、合意の当事者を拘束する
ペルー	事業者が確約を提案し、自由競争委員会が承認する	・行政手続の休止
マレーシア	事業者が確約を提案し、競争委員会が承認する	・調査は終結する ・違反行為の認定は行わない

資料2-2 諸外国における「合意により事件を解決する制度」(TPP協定参加国及びEU・中国・韓国)

ブルネイ	事業者が確約を提案し、競争委員会が承認する（平成28年9月末時点で未施行）	・調査は終結する ・違反行為の認定は行わない
ベトナム	制度未導入	—
EU	事業者が、欧州委員会が指摘する競争上の懸念を払拭する措置を申し出た場合に、欧州委員会が措置の履行を義務付ける旨の決定をする	・調査は終結する ・違反行為の存否につき判断しない（制裁金も課さない）
中国	事業者が、具体的措置を採り、違反被疑行為の効果を取り除くことを確約した場合に、当局は調査の中止を決定できる	・事業者が措置を履行した場合、当局は調査の終結を決定できる
韓国	事業者が、消費者被害の救済と競争秩序の回復等に適合する是正案を申し出た場合に、公正取引委員会が議決する	・調査は中断（事実上終結）する ・行為が違法であることを意味しない

資料2-3　独占禁止法審査手続についての懇談会報告書（抜粋）

独占禁止法審査手続についての懇談会報告書（抜粋）
（内閣府独占禁止法審査手続についての懇談会　平成26年12月24日公表）

第4　検討事項及び検討結果

5．今後の検討に向けて

（懇談会としての整理のポイント）

ア　（略）
イ　EUの和解手続・確約手続[16]のような仕組みの導入についても検討を進めていくことが適当である。

（議論の概要）

(1)　我が国の現状等（資料9参照）

（略）

なお、EUの和解手続・確約手続や、米国の同意判決・同意命令のように、競争当局が事業者と任意に合意して競争上の懸念を効率的かつ効果的に解消する仕組みは、我が国にはない。

(2)　検討

立入検査に関連する論点、供述聴取に関連する論点等に関して、海外の現状や仕組みも比較参照しつつ検討を行った中で、調査協力のインセンティブ及び調査非協力のディスインセンティブを確保する仕組みに関して、委員、本懇談会のヒアリング対象者及びパブリックコメントでの意見提出者から、主に次のような意見が出された。

[16] 和解制度（settlement）とは、典型的には、当局が和解に適する事案であるかを判断した上で協議を開始し、事業者が違反行為に係る事実認定及び処分内容を争わないことを申し出て、当局が合意した場合には、手続を簡略化するとともに、制裁金を減額する仕組み。確約制度（commitment）とは、典型的には、事業者が効果的な提案をする意思を有するかを当局が判断した上で、事業者が問題解消措置を申し出て、当局が合意した場合には、当該措置が命令等で義務づけられるとともに、違反認定が行われず審査が終了する仕組み。

（略）

⑤ EUの和解手続・確約手続は、実態解明の段階での調査に協力するインセンティブを付与するものではなく、調査の終了・手続の終了に向けて協力するインセンティブを付与するものであるが、その範囲で一定の協力のインセンティブがあるのではないかと考えられる。このため、EUの和解手続・確約手続のような仕組みの導入についても併せて検討することは有益である。

（略）

⑦ 裁量型課徴金制度等の調査に協力するインセンティブを確保する仕組みやEUの和解手続・確約手続のような仕組みを我が国に導入することは、事業者と競争当局との協調関係の下に事件処理がなされるようになるという点で、手続保障の観点からも望ましい。

（略）

（懇談会としての整理）

（略）

また、いわゆるEUの和解手続・確約手続のような仕組みについては、必ずしも実態解明プロセスにおける調査に協力するインセンティブをもたらすとはいえないかもしれないが、競争上の懸念を効率的かつ効果的に解消することが可能となる仕組みであることから、このような仕組みの導入についても検討を進めていくことが適当であるとの結論に至った。

資料2-4 独占禁止法審査手続についての懇談会報告書資料集（抜粋）

刑事手続における弁護人の立会い等

刑事手続における弁護人の立会い等に関し、現行制度及び法制審議会新時代の刑事司法制度特別部会（以下「法制審」という。）における調査審議の結果※1については、下表のとおり。

	現行制度	法制審での調査審議の結果
取調べ時における弁護人の立会い（同席）	・関連する規定は置かれていない。 ・実務上、検察官において、取調べの機能を損なうおそれ、捜査の秘密が害されるおそれ等を考慮して、事案に応じて適切に判断※2。	・弁護人の立会いを認めるべきとの意見と認めるべきではないとの意見があり、一定の方向性を得るには至らなかった。
捜索差押え時の弁護人の立会い	・関連する規定は置かれていない。 ・実務上、弁護人からの要請があり、捜索差押えに支障がないときには、立会いを認めている※3。	・論点として取り上げられていない。
弁護士・依頼者間秘匿特権	・関連する規定は置かれていない。	・論点として取り上げられていない。
供述調書作成時の調書の写しの交付	・関連する規定は置かれていない。 ・実務上、被疑者等に供述調書の写しを交付するという取扱いはされていない。	・論点として取り上げられていない。
取調べの録音・録画	・関連する規定は置かれていない。 ・現在、検察当局では、身柄拘束事件等の一部について、録音・録画を行っている※4。	・検察官、検察事務官又は司法警察職員は、逮捕・勾留されている被疑者を対象事件※5について取り調べるときは、例外事由※6に該当する場合を除き、その状況を録音・録画しておかなければならないものとする。

※1　法制審議会第１７３回会議（平成２６年９月１８日開催）において、新時代の刑事司法制度特別部会長から、諮問第９２号について、同部会において決定された、「新たな刑事司法制度の構築についての調査審議の結果【案】」に関する審議結果等の報告がされた。審議・採決の結果、同【案】は、全会一致で原案どおり採択され、直ちに法務大臣に答申することとされた。

※2　法務省においては、弁護人を立ち会わせて取調べを実施した具体的な事例については把握していない。

※3　ただし、弁護人が立ち会わない限り捜索差押えに着手しないといった運用ではない。

※4　具体的には、検察庁においては、これまで、①裁判員裁判対象事件、②知的障害によりコミュニケーション能力に問題がある被疑者等に係る事件、③精神の障害等により責任能力の減退・喪失が疑われる被疑者に係る事件、④いわゆる独自捜査事件であって、検察官が被疑者を逮捕した事件について、公判請求が見込まれない場合であるなどの一定の事情がある場合を除き、全過程を含め、できる限り広範囲の録音・録画を行っていたところである。さらに、平成２６年１０月１日からは、新たに、⑤公判請求が見込まれる身柄拘束事件であり、被疑者の供述が立証上重要であるもの等被疑者の取調べを録音・録画することが必要であると考えられる事件、⑥公判請求が見込まれる事件であって、被害者・参考人の供述が立証の中核となることが見込まれるなど、被害者・参考人の録音・録画をすることが必要と考えられる事件の２類型についても、録音・録画の対象事件に加えられた。

※5　裁判員制度対象事件及び検察官独自捜査事件。

※6　①記録に必要な機器の故障その他のやむを得ない事情により、記録が困難であると認めるとき、②被疑者による拒否その他の被疑者の言動により、記録をすると被疑者が十分に供述できないと認めるとき、③被疑者の供述状況が明らかにされると、被疑者又はその親族に対し、身体・財産への加害行為又は畏怖・困惑行為がなされるおそれがあることにより、記録をすると被疑者が十分に供述できないと認めるとき、④当該事件が指定暴力団の構成員によるものであると認めるとき。

（第４回会合における法務省からのヒアリング結果等を参考にして、内閣府大臣官房独占禁止法審査手続検討室において作成）

日米欧の調査手続における弁護士の立会い及び弁護士・依頼者間秘匿特権の取扱い

日本、米国及びEUの競争法違反（主にカルテル規制）に対する調査手続における弁護士の立会い（立入検査時・供述聴取時）、弁護士・依頼者間秘匿特権の取扱いは、下表のとおり。

	日本 （公正取引委員会）	米国[※1] （司法省）	EU （欧州委員会）
立入検査時の弁護士の立会い	・権利としては認められていないが、実務上認められている。 ・弁護士の到着まで検査を開始しないとの運用ではない。	・権利としては認められていないが、実務上認められている。 ・弁護士の到着まで捜索を開始しないとの運用ではない。	・権利としては認められていないが、実務上認められている。 ・欧州委による注釈書（explanatory note）によれば、検査の間、事業者は弁護士に相談することが可能であるが、弁護士の立会いが検査が有効であることの法的条件とはされていない（the presence of a lawyer is not a legal condition for the validity of the inspection）。
供述聴取時の弁護士の立会い	・権利としても、実務上も認められていない。	・（身柄拘束下の場合）判例[※2]により認められている。 ・（身柄拘束下でない場合）権利としては認められていないが、実務上認められている。[※3]	・権利としては認められていないが、実務上認められている（欧州委の審査手続マニュアルには、供述人が選任する弁護士等の同席が可能である旨の記述あり。）。[※4]
弁護士・依頼者間秘匿特権	・認められていない（競争法以外の分野でも認められていない。）。	・判例[※5]により認められている（競争法以外の分野でも認められている。）。	・判例[※5]により認められている（競争法以外の分野でも認められている。）。

※1　米国のカルテル規制は、刑事手続により行われることを前提としている。

※2　いわゆるミランダ判決（Miranda v. Arizona連邦最高裁判所判決（1966年6月13日））。

※3　任意の聴取手続においては、弁護士が立ち会うのが通例。ただし、率直な供述に影響が出ると判断された場合には、会社の弁護士の立会いが許されないこともある。なお、捜査対象企業の役員・従業員である個人に弁護士が付く際は、会社の弁護士が付くことが多いが、個人に訴追の可能性が生じた場合には、当該弁護士とは別の弁護士が付く。

※4　立ち会う弁護士は、基本的には会社の弁護士である。

※5　詳細は**次頁の資料**参照。

（第3回会合におけるヒアリング対象者提出資料等を参考にして、内閣府大臣官房独占禁止法審査手続検討室において作成）

諸外国における弁護士・依頼者間秘匿特権（事業者と弁護士との間のやり取りに関する秘密の保護）の比較

項目		諸外国の例
趣旨・目的・意図	米国	・弁護士とその依頼者の間での完全かつ率直な交信を促し、もって法と司法行政の遵守という点においてより広範な公共の利益を促進すること（Upjohn Co. v. United States 連邦最高裁判所判決（1981 年 1 月 13 日）〔以下「Upjohn 判決」という。〕）
	EU	・何人も、制約を受けることなく、必要とする全ての者に対して独立した法的助言を与えることを職業とする弁護士に相談することができなければならない、という要請に応えるもの（AM & S Europe Ltd. v. Commission 欧州司法裁判所判決（1982 年 5 月 18 日）〔以下「AM&S 判決」という。〕）
	その他	・弁護士は、依頼者が他の者には話せないことを話してもらう必要がある。また、弁護士は秘密を信頼して情報を受け取ることができる。弁護士が秘密を守ることは、依頼者の利益を守るだけでなく、正義の実現に寄与する（「論点整理」に対するフランス全国弁護士会の意見より）【仏】
根拠	米国	・判例により形成（競争法以外の分野でも認められている） ・連邦証拠規則第 502 条に関係規定あり
	EU	・判例により形成（競争法以外の分野でも認められている）
	その他	・判例により形成（競争法以外の分野でも認められている）【英】 ・1998 年競争法第 30 条及び 2002 年企業法第 196 条に関係規定あり【英】 ・司法制度及び法律家の改革に関する 1971 年 12 月 31 日法律第 71-1130 号第 66-5 条に関係規定あり【仏】
要件	米国	・①資格を有する法律専門家からの②法的助言が求められている場合において、③この目的に関する communication が、④依頼者により⑤秘密裏に行われたものであって、⑥依頼者又は当該法律専門家による開示から⑦永久に保護されるべきとの依頼者の要請があり、かつ、⑧当該保護が放棄されていないこと（8 John H. Wigmore, Evidence §2292, at 554 (McNaughton Rev. 1961 & Supp. 1991)、米国で一般的に引用される解説書より）
	EU	・弁護士と依頼者の間の書面による communication の秘匿については、①その communication が依頼者の防御権の観点からなされたものであり、②独立した弁護士、すなわち依頼者と雇用関係によってつながれていない弁護士からなされたものである場合には保護される（AM&S 判決、パラ 21）
	その他	・法的助言か防御かを問わず、有体物か無体物か（紙、ファックス、電子データなど）を問わない（「論点整理」に対するフランス全国弁護士会の意見より）【仏】

項目		諸外国の例
具体的な保護の対象	米国	・法的助言に関係しないコミュニケーション（ビジネス上の助言等）については保護の対象とならない（Motley v. Marathon Oil Co., 71F. 3d 1547, 1550-51(10th Cir. 1995)） ・単に弁護士に CC を入れてメールや FAX を送付するだけのものや、多くの送付先リストの中に弁護士が入っていたというだけでは、保護の対象とならない（Zelaya v. UNICCO Serv. Co., 682 F. Supp. 2d 28(D. D. C. 2010)ほか） ・（不正が疑われる支出に関して弁護士が全ての外国人マネジャーに対し詳細な情報を求めた質問票及び質問票の受領者に実施したインタビューのメモについての保護が争われた事案において）①従業員と弁護士のやり取りが法的助言を受けるため会社の上位の者の指示によってなされており、②弁護士が法的助言をする上で会社上層部からの情報だけでは不十分であり、③従業員と弁護士のやり取りが従業員の業務の範囲内であり、④法的助言が会社のためのものであることを従業員が十分に認識している場合には、当該従業員とのやり取りは保護の対象となる（Upjohn 判決） ・弁護士に相談する前に作成された文書であっても、潜在的な訴訟に備えて作成されたものであれば、保護の対象となる（Clark v. Buffalo Wire Works Co., 190 F. R. D. 93, 95-96 (W. D. N. Y. 1999)） ・口頭での通信も保護の対象となる（In re Sealed Case, 737 F. 2d 94 (D. D. C 1984)） ・弁護士が出席して法的問題点の検討を行った会議における議事録も保護の対象となる（In re Ford Motor Co., 110 F. 3d 954, 964-66(3d Cir. 1997)） ・保護の対象となるのは communication of information であって information ではない（US v. O'Malley, 786 F. 2d 786, 794 (7th Cir. 1986)） ・内容を知る必要がある者又は会社のために発言若しくは行動する権限を有する従業員に対して配布されたかどうかが秘匿性の判断基準となる（本件において当該文書が配布されたのは、特定の従業員と契約社員〔その大部分は弁護士又はマネジャー〕のみであり、全員が法務部門に助言を行うか弁護士が策定した法的助言及び戦略を受け取る者で、いずれも社則に拘束されるか個別の合意により守秘義務を負っていた。）（FTC v. GlaxoSmithKline, 294 F. 3d 141, 147 (D. C. Cir. 2002)）
	EU	・特定の事案に関連しない一般的な法的助言は、防御権の観点からなされたものではないため保護の対象とならない（AM&S 判決から導かれる解釈） ・内部メモについては、社外弁護士から受け取った法的助言の内容を（社内弁護士や他の従業員により修正されることなく、また、これらの者の意見が付されることなく）社内の管理的スタッフに報告するものであれば、保護の対象となり得る（Order in Case T-30/89 Hilti v Commission (1990)） ・社内の準備文書については、防御権を行使するため社外弁護士から法的助言を得ることのみを目的として作成された場合には、当該弁護士とやり取りをしていなくとも、保護の対象となり得る（Joined Cases T-125/03 and T-253/03 Akzo Nobel Chemicals and Akcros Chemicals v Commission (2007)）
	その他	（・該当事例不明〔内閣府大臣官房独占禁止法審査手続検討室調べ〕）
秘匿特権	米	（・該当事例不明〔内閣府大臣官房独占禁止法審査手続検討室調べ〕）

項目		諸外国の例
を主張できる通信の時期	国	
	EU	・秘匿性の保護は、行政手続（注：「欧州連合の機能に関する条約第 101 条及び第 102 条の反トラスト手続の実施に関するベストプラクティス」〔以下「ベストプラクティス」という。〕パラ 24 によれば、カルテル事件では、手続の開始は、通常、異議告知書の採択と同時に行われるが、それより早く開始することもある。）開始後のやり取りに及ぶが、当該手続の対象と関連性を有する、それ以前のやり取りにも及び得る（AM&S 判決、パラ 23）
	その他	・弁護士と依頼者との間の秘密は、関係者に対して調査が開始された後に初めて保護される（LG Bonn Beschluss vom 28. September 2005 Az. 37 Qs 27/05）【独】
対象となる依頼者の範囲	米国	・【再掲】①従業員と弁護士のやり取りが法的助言を受けるため会社の上位の者の指示によってなされており、②弁護士が法的助言をする上で会社上層部からの情報だけでは不十分であり、③従業員と弁護士のやり取りが従業員の業務の範囲内であり、④法的助言が会社のためのものであることを従業員が十分に認識している場合には、当該従業員とのやり取りは保護の対象となる（Upjohn 判決） ・同一の弁護士を活用し、法律問題も近接関連している親会社とその子会社及び関連会社については、単一の「依頼者」となり得る（United States v. United Shoe Machinery Corp., 89 F. Supp. 357 (1950)） ・事業者の元従業員とのやり取りも保護の対象となる（In re Allen, 106 F.3d 582, 605-606 (4th Cir. 1997)）
	EU	（・該当事例不明〔内閣府大臣官房独占禁止法審査手続検討室調べ〕）
	その他	（・該当事例不明〔内閣府大臣官房独占禁止法審査手続検討室調べ〕）
対象となる弁護士の範囲	米国	・外国において弁護士資格を有する弁護士も対象となるが、当該弁護士が米国の弁護士と実質的に同等の機能を行使しており、また、当該外国法の下で特権が認められている場合に限る（McCook Metals LLC v. Alcoa Inc., 192 F.R.D. 242, 256 (N.D.Ill. 2000)） ・社内弁護士と社外弁護士で区別されない（Zenith Radio Corp. v. Radio Corp. of America, 121 F. Supp. 792, 794 (D. Del. 1954)） ・弁護士に雇用されている第三者とのやり取りも対象となるかについては、第三者との communication が必要で少なくとも非常に有益であること、第三者の関与が情報の伝達に資するものであること、当該 communication が法的助言を目的とするものであること、の 3 つの条件を満たさなければ認められない（Dahl v. Bain Capital Partners, 714 F. Supp.2d 225, 230 (D. Mass. 2010)）
	EU	・欧州経済領域（EEA）内のいずれかの国で法曹資格を有する弁護士に限られる（AM&S 判決、「論点整理」に対する欧州弁護士会評議会の意見より） ・communication が、独立した弁護士、すなわち依頼者と雇用関係によってつながれていない弁護士からなされたものであるこ

項目		諸外国の例
		とが要件とされており（Case C-550/07 P Akzo Nobel Chemicals and Akcros Chemicals v Commission (2010)）、このことから、社外弁護士とのcommunicationのみが保護の対象とされている ・弁理士、公認会計士等の他の専門職には拡大されない（AM&S判決）
	その他	・弁護士会に登録し法律業務を行う弁護士が対象（「論点整理」に対するフランス全国弁護士会の意見より）【仏】 ・社内弁護士と社外弁護士で区別されない【英】 ・社外弁護士とのやり取りのみが対象【仏、独】
特権の放棄とみなされる場合	米国	・任意に開示された場合（例：委任関係にない第三者と共有した場合。Dalen v. Ozite Corp., 230 Ill. App. 3d 18, 29 (Ill. App. Ct. 2d Dist. 1992)） ・不注意により開示した場合（例：開示文書に誤って混入した場合）において、開示を回避するために合理的かつ迅速な措置を講じず、かつ、その誤りを是正するために合理的かつ迅速な措置を講じなかったとき（連邦証拠規則第502条(b)） ・米国において秘匿特権下にある書類を米国外の当局等に開示した場合に、当該書類について米国での秘匿特権が放棄されていないとみなすためには、裁判所の命令、召喚状、罰則により担保された当局の要求に基づく開示がなされることが必要（スペシャルマスターによる判断。In re Vitamin Antitrust Litigation, 2002 U.S. Dist. LEXIS 26490 (D.D.C. Jan. 23, 2002)） ・放棄の効果は、原則として開示されたcommunicationについてのみ及び、例外的に、放棄が意図的なものであって、同一の事象（subject matter）に関するものであり、同一の取扱いとすることが公平であると認められる場合に限り、それ以外のcommunicationにも及ぶ（連邦証拠規則第502条(a)） ・裁判外での開示については、必ずしも同一の事象に関するcommunication全てを放棄したことにはならない（In re Keeper of Records (XYZ Corp.), 348 F.3d 16, 24 (1st Cir. 2003)） ・相手方に応じて選択的に放棄することができるかについて、政府機関に情報を開示する際、訴訟当事者が、他の手続において秘匿特権を主張するという権利を明示的に留保した場合に限り、限定的な放棄が認められる（Teachers Ins. & Annuity Ass'n of Am. v. Shamrock Broad. Co., 521 F. Supp. 638, 645-46 (S.D.N.Y. 1981)） ・共同防御特権は、ある者と別の者の弁護士との間のやり取りが共通する防御戦略を構築するための継続した共通の取組の一環として行われる場合に、これを保護するものである（特権の放棄には該当しない）（In re Grand Jury Subpoena, No. 01-1975 (1st Cir. Nov. 8, 2001)）
	EU	（・該当事例不明〔内閣府大臣官房独占禁止法審査手続検討室調べ〕）
	その他	（・該当事例不明〔内閣府大臣官房独占禁止法審査手続検討室調べ〕）
特権の例外事由	米国	・現在進行中又は将来行う予定の違法行為に関するものには秘匿特権は適用されない（犯罪又は詐欺に関する例外）（U.S. v. Zolin, 491 U.S. 554, 563 (1989)） ・係争事案に関して、弁護士から得た意見（助言）を抗弁として主張した場合には、秘匿特権を失う（Trans World Airlines,

項目	諸外国の例	
		Inc., v. Hughes, 332 F.2d 602, 615 (2d. Cir. 1964), cert. dismissed, 380 U.S. 248, 249 (1965))
	EU	(・該当事例不明〔内閣府大臣官房独占禁止法審査手続検討室調べ〕)
	その他	(・該当事例不明〔内閣府大臣官房独占禁止法審査手続検討室調べ〕)
該当性に争いがある場合の実務上の対応、濫用防止措置等	米国	・秘匿特権を理由に communication 等の開示を拒否する者は、明示的に申し立て、他の関係者が当該申立ての適否を判断できる程度に当該 communication 等の性質を説明する必要がある（連邦民事訴訟規則第 26 条(b)(5)(A)） ・プリビレッジ・ログと呼ばれる秘匿対象物件一覧表を作成・提出する方法がある。具体的には、①関係する弁護士名及び依頼者名、②文書の性質（手紙、覚書等）、③当該文書を受領し又は送付されたことが示されている全ての関係者名、④当該文書を提供し、又はその実質的な内容を知らせたことが知られている全ての関係者名、及び⑤文書の作成日等、を特定すればよい（Dole v. Milonas, 889 F.2d 885 (9th Cir. 1989)） ・秘匿特権が主張された場合、捜査官が当該主張のとおりと判断すれば押収せず。争いがある場合は、封筒に入れて封印して持ち帰る。その後、捜査に関与していない専門部署が判断する。更に争う場合は裁判官が判断する（米国検察官マニュアル 9-13.420 ほか）
	EU	・事業者が、欧州委員会に対して適切な正当化理由及びその理由を根拠づけるだけの関連資料を提出（「ベストプラクティス」52 パラ） ・欧州委員会がそのような関連資料が提出されなかったと判断した場合は、問題となった文書の提出を命じ、必要な場合には、追加的に必要な証拠の提出又は問題となっている文書の提出の拒否について、事業者に対し制裁金又は履行強制金を課すことができる（「ベストプラクティス」52 パラ） ・欧州委員会の職員が秘匿特権の主張に対し理由がないと考える場合であって、特に、事業者が当該職員に対し文書について大まかに目通し（一瞥）することを拒んだが、当該文書が秘匿特権により保護され得るものであることを排除できない場合、当該職員は、当該争いの今後の解決を目的として、対象となった文書のコピー（事業者側が行うと思われる）を封筒に入れ封印し、欧州委員会の庁舎に持ち帰ることができる（「ベストプラクティス」54 パラ） ・事業者が聴聞官（The hearing officer）による調査に同意すれば、かかる問題を聴聞官に付託することができる。聴聞官は、相互に受け入れ可能な解決を促すための適切な手段を講じることができる（「ベストプラクティス」55 パラ） ・問題が聴聞官によって解決されない場合、欧州委員会は更に当該問題を審査し、自らの判断を適切と考える場合は、事業者の要求を却下する決定を採択することになる。事業者は、当該決定について欧州司法裁判所に提訴することができる（「ベストプラクティス」56～57 パラ） ・例えば、単なる審査の引き延ばし戦術のために、また客観的な理由がないのに、単に立入検査中に欧州委員会職員が文書に大まかな見通し（一瞥）を行うことを拒否するような事業者は、検査妨害に係る制裁金の対象となるとともに、競争法違反に係る制裁金を算定する際に、制裁金を増額させる事情として考慮される（「ベストプラクティス」58 パラ）

項目	諸外国の例	
		・Akzo/Ackros 社の秘匿特権に係る訴訟手続により、4 年以上の間、欧州委員会の審査が中断した。欧州委員会競争総局は、リニエンシーの適用に係る文書の付加価値を評価可能とするため欧州第一審裁判所の判断を待たなければならなかった。付加価値の評価というのは証拠の特定の一部が調査資料として使用可能かどうかに依拠しており、秘匿特権の該当性が争われた文書は、正に異議告知書及び欧州委員会決定の基礎となる重要な証拠の一部であった（Final report of the Hearing Officer Case COMP/ 38.589 - Heat Stabilisers, EU 官報 2010/C C307/04 より抜粋）
	その他	・ドイツ連邦カルテル庁の職員は、ある文書が秘匿特権に該当するか否かに関して争いが生じた場合には、当該文書を封筒に入れ封印した上で持ち出すことに同意する場合が多い（Competition Law Enforcement in Germany, "ABA Handbook on Competition Law Investigation"）【独】
対象文書が違反行為の立証に重要な証拠になり得る場合の対応	米国	・1999 年 6 月の司法次官メモに添付された事業者の訴追に関する指針では、検察官が事業者の量刑を判断する際に考慮され得る要素の一つとして適時かつ任意の開示と捜査への協力の意思が挙げられ、これには、必要に応じて秘匿特権の放棄も含まれるとされていた。しかし、こうした指針が意図的又は無意識のうちに事業者に対して秘匿特権の放棄を強要することに用いられているのではないかとの批判が高まり、2008 年 8 月以降、係争事案に関して弁護士から得た意見（助言）を抗弁（advice-of-counsel defense）として主張する場合及び犯罪等を助長するような communication である場合を除いて、弁護士・依頼者間の communication を事業者が開示する必要はなく（事業者による任意の放棄は可）、検察官が捜査への協力とみなすための条件として提出を求めることはできないとされている。例えば、社内調査で弁護士が従業員からインタビューを実施しメモ等を作成した場合に、捜査への協力と評価されるために、秘匿すべきメモ等を検察官に提出する必要はなく、検察官も当該メモ等の提出を求めることはできない。ただし、捜査への協力との評価を得るためには、事業者は、関連事実に関する情報（当該インタビューを通じて入手した関連事実に関する情報と同一の情報がほかでは提供されない場合には、このような情報を含む。）を提出する必要があり、検察官も当該情報の提出を求めることができる（1999 年 6 月、2003 年 1 月、2005 年 10 月、2006 年 12 月及び 2008 年 8 月の司法次官メモランダムとその添付資料及び米国検察官マニュアル 9-28. 710, 720）
	EU	・（当局の文書提出命令に記載されている対象文書の中に、事業者が秘匿特権を主張し当局と争いになっている文書と、事業者が自らの意思で既に当局に提出した文書が含まれていたことに関して、）（事業者と弁護士との間のやり取りに関する）秘密の原則は、依頼者が、弁護士と依頼者の間の書面による communication を開示することが依頼者の利益となると判断した場合に、依頼者が当該 communication を開示することを妨げるものではない（AM&S 判決）
	その他	・ドイツ連邦カルテル庁が押収した文書が秘匿特権により保護されるものであった場合、（当該事件の）手続の過程において、当該事業者に対する証拠として使用することが禁止される（Competition Law Enforcement in Germany, "ABA Handbook on Competition Law Investigation"）【独】

（第９回会合資料１を編集）

諸外国における調査協力を促す仕組み等

資料内訳

○ EUの制裁金の算定方法

○ EUのリニエンシー制度（制裁金減免の要件）

○ 米国の罰金の算定方法

○ 米国のリニエンシー制度（アムネスティー）・司法取引

○ EUの和解手続

○ EUの確約手続

○ 米国の同意判決

○ 米国の同意命令

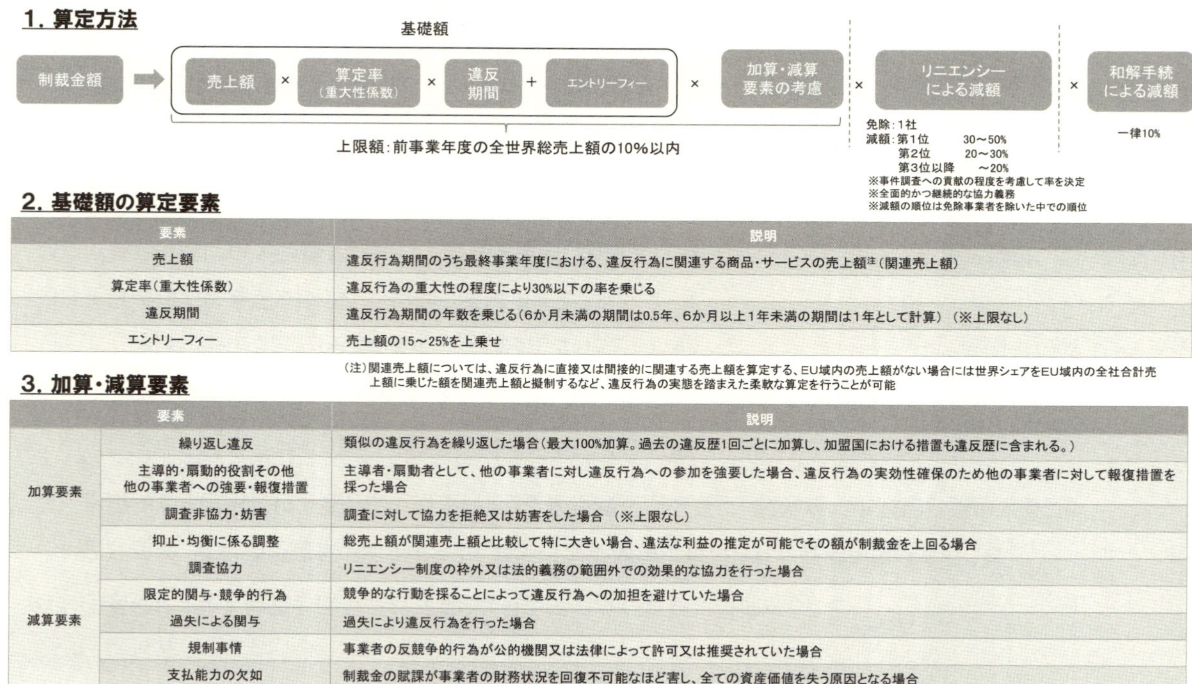

EUの制裁金の算定方法

1. 算定方法

2. 基礎額の算定要素

要素	説明
売上額	違反行為期間のうち最終事業年度における、違反行為に関連する商品・サービスの売上額[注]（関連売上額）
算定率（重大性係数）	違反行為の重大性の程度により30%以下の率を乗じる
違反期間	違反行為期間の年数を乗じる（6か月未満の期間は0.5年、6か月以上1年未満の期間は1年として計算）（※上限なし）
エントリーフィー	売上額の15～25%を上乗せ

（注）関連売上額については、違反行為に直接又は間接的に関連する売上額を算定する、EU域内の売上額がない場合には世界シェアをEU域内の全社合計売上額に乗じた額を関連売上額と擬制するなど、違反行為の実態を踏まえた柔軟な算定を行うことが可能

3. 加算・減算要素

要素		説明
加算要素	繰り返し違反	類似の違反行為を繰り返した場合（最大100%加算。過去の違反歴1回ごとに加算し、加盟国における措置も違反歴に含まれる。）
	主導的・扇動的役割その他他の事業者への強要・報復措置	主導者・扇動者として、他の事業者に対し違反行為への参加を強要した場合、違反行為の実効性確保のため他の事業者に対して報復措置を採った場合
	調査非協力・妨害	調査に対して協力を拒絶又は妨害をした場合　（※上限なし）
	抑止・均衡に係る調整	総売上額が関連売上額と比較して特に大きい場合、違法な利益の推定が可能でその額が制裁金を上回る場合
減算要素	調査協力	リニエンシー制度の枠外又は法的義務の範囲外での効果的な協力を行った場合
	限定的関与・競争的行為	競争的な行動を採ることによって違反行為への加担を避けていた場合
	過失による関与	過失により違反行為を行った場合
	規制事情	事業者の反競争的行為が公的機関又は法律によって許可又は推奨されていた場合
	支払能力の欠如	制裁金の賦課が事業者の財務状況を回復不可能なほど害し、全ての資産価値を失う原因となる場合

出典：欧州委員会制裁金ガイドライン（Guidelines on the method of setting fines imposed pursuant to Article 23(2)(a) of Regulation No 1/2003）

EUのリニエンシー制度（制裁金減免の要件）

1. 免除

(1) ①**最初に、立入検査を行うことを可能とし得る情報及び証拠を提供すること**
又は
②**最初に、欧州委が違反を認定できる、違反行為期間中に作成された証拠を提供すること**

(2) **申請時から欧州委による手続の終了時まで、継続的かつ迅速に、誠実かつ全面的に協力すること**

※ 以下の条件が含まれる。
- 当該カルテルに関する全ての関連する情報及び証拠を欧州委に対し速やかに提供すること
- 欧州委のいかなる要求に対しても迅速に応えること
- 現在の従業員及び役員（可能であれば退職者も含む。）に対して欧州委が聴取できるようにすること
- 証拠を破壊、偽装又は隠匿しないこと
- 申請を行ったこと及びその申請の内容を公表しないこと

(3) **申請後直ちに当該カルテルへの関与を終了すること**

(4) **申請を検討している段階において、証拠を破壊、偽装又は隠匿しないこと、並びに申請を検討していること及びその申請の内容を公表しないこと**

2. 減額 ≪第1位：30～50%、第2位：20～30%、第3位以降：～20%≫（免除事業者を除いた中での順位）

(1) **著しい「付加価値」を持つ違反行為に関する証拠を欧州委に提出すること**
※ 「付加価値」は、欧州委による違反行為の立証に資する程度により判断される。

(2) **欧州委への全面的な協力等（上記1．免除要件(2)～(4)の要件を全て満たすこと）**

○ 減額率は、「付加価値」を持つ違反行為に関する証拠が提出された時期及び証拠の「付加価値」の程度に応じて決定。

米国の罰金の算定方法

1. シャーマン法第1条（カルテル・入札談合等）に対する罰金

シャーマン法第1条に対する罰金の上限額は、法人では**1億ドル**又は**違法行為によって得た利益の2倍の額**若しくは**違法行為によって与えた損害額の2倍の額**とされている。

2. 罰金額の算定方法

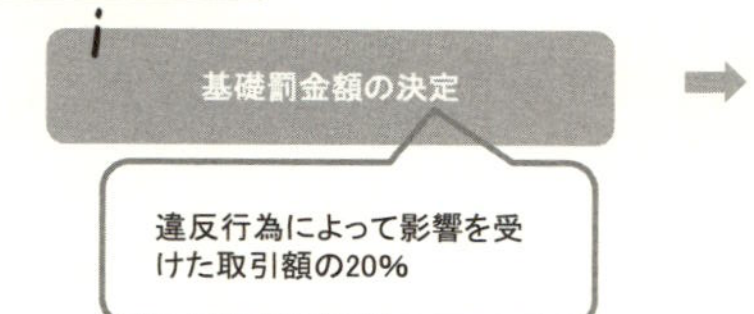

→

ii 有責性スコアによる罰金額の上限額・下限額の算定

有責性スコアから得た倍率を、基礎罰金額（ｉ）に乗じる
（ｉ）× 最高倍率＝上限額
（ｉ）× 最低倍率＝下限額

→

iii 具体的な罰金額の決定

違反行為の重大性、事業者の役割、十分な抑止力の確保等を勘案し、上限額・下限額（ii）の範囲内で裁量的に決定

※ 不当利得の吐き出し（加算）や支払能力の欠如（減算）を考慮して、上限額・下限額の範囲を超えて罰金額が設定されることがある。

3. 有責性スコアの加減要素及び有責性スコアの倍数表

◆ 有責性スコアは、5ポイントを基本として、以下の要素を考慮して加減する。

	要素	説明
加算要素	繰り返し違反	法人が過去10年以内に類似の違反行為について刑事処分等を受けている場合に1ポイント加算、5年以内に類似の違反行為について刑事処分等を受けている場合に2ポイント加算される。
	調査非協力・妨害	捜査、訴追、量刑の手続を故意に妨害し、妨害しようとし、又はこの種の妨害行為の発生を防止するための合理的措置を採らなかった場合、3ポイント加算される。
	役員等の関与	上級職員又は実質的に権限を有する職員が違反行為に関与していた場合、法人の規模（従業員数）に応じて1、2、3、4又は5ポイント加算される。
	裁判所の命令違反	裁判所の命令等に違反した場合、違反した命令等に応じて1又は2ポイント加算される。
減算要素	調査協力	以下の要件を全て満たした場合に5ポイント、②及び③を満たした場合に2ポイント、③のみを満たした場合に1ポイント減算される。 ①捜査着手前における捜査当局への違反行為に係る報告 ②捜査への全面的な協力 ③違反行為とその責任の認容
	コンプライアンスプログラム	違反行為の防止・発見のための効果的なプログラムを作成していた場合、3ポイント減算される。

有責性スコア	最低倍率	最高倍率
10以上	2	4
9	1.8	3.6
8	1.6	3.2
7	1.4	2.8
6	1.2	2.4
5	1	2
4	0.8	1.6
3	0.6	1.2
2	0.4	0.8
1	0.2	0.4
0以下	0.05	0.2

※ シャーマン法第1条違反については、下限の倍率は0.75未満にはできないため、罰金額は、**取引額の15%～80%の間で決定**されることとなる。

出典：米国連邦量刑ガイドライン（Federal sentencing guidelines）

米国のリニエンシー制度（アムネスティー）・司法取引

1．免除（アムネスティー）

○　捜査開始前の申請の場合、以下の条件を全て満たせば刑事訴追が免除される（事業者及び従業員）こととなる。

①　申請時点において、当該申請の内容となっている違反行為について、司法省がどの情報源からも情報を得ていないこと
②　申請者が、当該違反行為を発見後、自身の違反行為への参加を終結させるために迅速、かつ効果的な行動を採ったこと
③　申請者が、違反行為について誠実、かつ完全に報告し、司法省の捜査の間、全面的かつ継続的に協力すること
④　当該申請が、個々の役員や従業員によるものではなく、真に事業者の意思としての申請であること
⑤　申請者が可能な限り被害者に対して損害賠償をすること
⑥　申請者が他の違反行為者に対して、違反行為への参加を強制したことがなく、かつ、明らかに違反行為の指導者又は発案者でないこと
※　捜査開始後の場合であっても、最初の申請者であり、上記とおおむね同様な条件を満たす場合には刑事訴追が免除される場合がある。

2．減額等（司法取引）

(1)　司法省による略式起訴と公判廷での有罪答弁

司法省との間で取引契約を締結した者は、取引契約に従い、公判廷において起訴事実を全面的に認め、自らが有罪である答弁、捜査・公判活動に資する答弁等を行う。また、控訴権を放棄する旨を取引契約の内容とした場合は有罪答弁によって控訴権も放棄することとなる。司法取引に応じた者に対しては、略式起訴により陪審裁判による事実審理を経ることなく有罪判決が言い渡される。

(2)　司法省に対する協力義務

通常、反トラスト法違反事件に基づく司法取引では捜査機関への協力義務が含まれ、事業者等は、捜査・公判の終了まで継続的な協力義務が課される。

・　他の共犯者等を有罪にするため、司法省の実施する供述聴取に応じること、司法省の求める文書等は全て提出すること
・　無罪を争う他の共犯者等がいる場合、公判廷で検察官側に有利な証言をすること、当該証人尋問の準備に参加すること 等

(3)　従業員等の対応

カルテルを行った事業者が司法取引をする場合、非訴追保護から除外されなかった従業員は免責されるが、非訴追保護から除外された従業員等は免責を得られないので、別途司法省と司法取引をしなければならない。また、事業者は、司法省から従業員等に対して捜査協力の要請があれば従業員等を協力させる義務があるところ、従業員が行う捜査への協力は事業者が行った協力として評価されるため、事業者と従業員等の間で社内処分等について調整が行われることもある。

(4)　司法取引による効果

・　事業者等側は量刑上有利な取扱いが得られる（訴因の縮小、一部撤回、求刑の引下げなど）
・　検察官側は裁判で敗訴するリスクを回避することができること、無罪を争う共犯者等を有罪にするための必要な協力が得られること

（参考文献）　品川武・岩成博夫「独占禁止法における課徴金減免制度」（財団法人公正取引協会、2010年、127-128頁）、宇川春彦「司法取引を考える(1)」（判例時報1583号 40-41頁）、渡邊肇「米国反トラスト法執行の実務と対策」（商事法務、2009年、40、43-45、127、131、134、139頁）、植村幸也「第4回カルテル(2)（手続面・リニエンシー含む）」（公正取引№741 54-55頁）、上杉秋則「独禁法国際実務ガイドブック」（商事法務、2012年、81頁）

EUの和解手続①

1. 制度

- ◆ 和解手続（settlement procedure）とは、欧州委員会のカルテル事件処理において、違反事実等について事業者の同意が得られた場合に、簡略化された手続で処分を行うまでの一連の手続。
- ◆ 目的は、処分（最終決定）前手続の簡略化により、手続の効率化を図ること。

2. 手続（基本的な流れ）

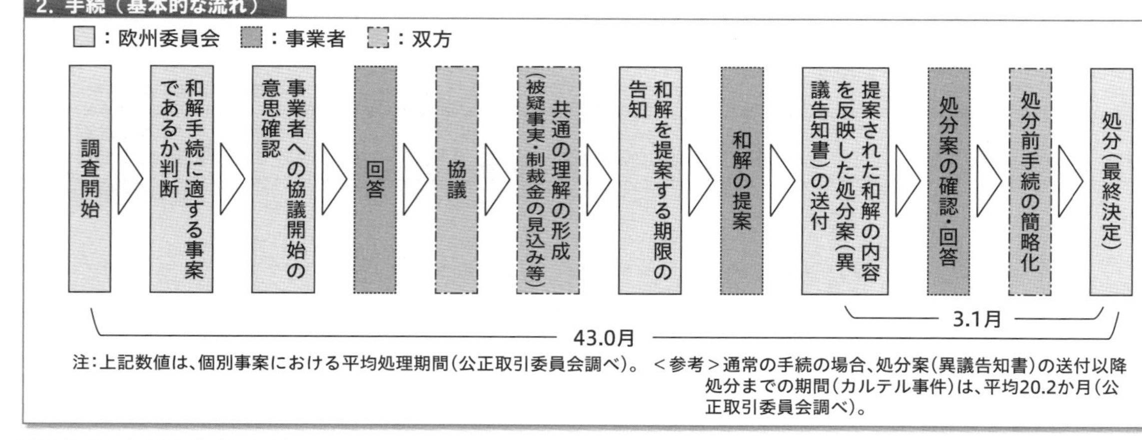

3. 効果等

- ◆ 違反行為を認定した上で、制裁金を10%減額する。
- ◆ 異議告知書及び最終決定に和解の提案の内容が反映されている場合、事業者は、通常処分前手続で行われる事件記録の開示及び意見聴取を要請できない。
- ◆ 異議告知書及び最終決定文の記載が簡略化される。

EUの和解手続②

4. メリット

- ◆ 欧州委員会にとってのメリット：①手続の効率化によるリソースの節約
  ②リソースを他の事件に投入することによる抑止力の向上と法執行全体の効率化
  ③訴訟回避
- ◆ 事業者にとってのメリット：①制裁金の10%減額
  ②手続の迅速化によるリソースの節約
  ③最終決定文の情報量減少による私訴（損害賠償訴訟等）リスクの軽減

（出所）「カルテル事件における理事会規則1/2003号第7条及び第23条に基づく決定の採択に至る和解手続の実施に関する欧州委員会告示」（2008年7月）、欧州委員会ウェブサイトQ＆A（Cartel case settlement）、亀岡悦子「EU競争法の最近の動向と実務上の留意点」（『公正取引』No.727）を基に公正取引委員会作成

5. 運用状況

- ◆ 2010年５月に初の和解手続適用事件が処理され、2010年から2014年９月までの間に決定が採択されたカルテル事件25件のうち、14件が和解手続により処理されている。

（出所）内閣府大臣官房独占禁止法審査手続検討室調べ

6. 事件例

＜事件概要（2013年7月10日決定）＞

- ◆ 自動車部品の製造業者である住友電気工業、矢崎総業、古河電気工業、S-Y Systems Technologies（SYS：矢崎総業の完全子会社）及びLeoniに対し、トヨタ、ホンダ、日産及びルノー向けのワイヤーハーネスの供給に関し、5つのカルテルを行っていた事案
- ◆ 制裁金総額は、合計1億4179万1000ユーロ
  （和解手続の実施に関する欧州委員会告示に基づき、各社の制裁金をそれぞれ10%減額）

EUの和解手続③

7. 評価

◆ 和解手続は、欧州委と事業者の双方にとって便利なものである。欧州委にとっては、事務負担が著しく軽減されるため、その軽減分のリソースをカルテル事件の調査など、我々の抑止力を高める他の業務に充てることができる。また、事業者は違反行為に係る責任を認めることになるため、その後の欧州の裁判所への訴訟提起の可能性は、全くない又は非常に小さい。 和解手続により享受される利益は、事業者にとっても明らかである。制裁金の10%の減額に加え、手続が迅速化されることにより、事業者はより迅速に違反行為から決別することができ、その結果、当該事業者は評判の低下を最小限にすることができる。（2013年11月22日付けItalianer欧州委競争総局長スピーチ「European competition policy and Japan」より抜粋）

The procedure is convenient both for the Commission and for the companies involved. For the Commission, the workload is reduced significantly. This means we can free resources for other tasks – such as investigating cartels – which increases our deterrence.

Because the companies admit liability, the likelihood of subsequent litigation in the European Courts is absent or very small.

The benefits are also clear for companies. In addition to a ten per cent reduction of fines, the increased speed of the procedure allows them put the infringement behind them more swiftly, so that they can minimise reputational damage.

◆ 最初の和解手続による事件処理は2010年になされ、4年が経過した現在、この新たな手続は既に我々の業務によい影響を与えてきたと言うことができる。今日、多くの企業が、自社の評判の低下を抑え、事業運営を刷新し、また、できるだけ早く平常に戻るため、和解を選択している。（2014年9月10日付けAlmunia欧州委副委員長（競争政策担当）スピーチ「Looking back at five years of competition enforcement in the EU」より抜粋）

The first case was settled in 2010. Four years later, I can tell you that the new procedure has already had a positive impact on our practice.

Many companies today prefer to settle to limit the damage to their reputation, clean up their operations, and go back to business as quickly as possible.

◆ 本ラウンドテーブルでの議論の結果、カルテル事件における和解手続の潜在的な利益について、次のような合意が得られた。つまり、競争当局においては、「より十分な（和解手続に入れば簡素化されるはずの）」手続によりカルテル事件を調査・起訴し、十分に理由づけがなされた詳細な決定を作成し、及び（又は）裁判所に提訴するために必要となるリソースを節約できることである。違反事業者においては、その主要な利益は、制裁金が減額されること、明確なタイムフレームの中で受け入れ可能な解決策にたどり着くことが容易にできること、及び、経営の妨げとなり、評判を落としかねない長期間かつ高コストの調査及び訴訟を回避できることである。そして一般の人々においても、競争当局が節約されたリソースを次のカルテル事件の調査や起訴に投入することができ、これにより最終的には抑止力が高まることになるため、和解手続から利益を得ているといえることである。（2008年OECD Policy Roundtables「Experience with Direct Settlements in Cartel Cases」のEXECUTIVE SUMMARYより抜粋）

The roundtable discussion showed widespread agreement on the potential benefits of settlements in cartel cases: competition authorities can save resources that they would otherwise need to investigate and prosecute a cartel in a “fuller” procedure, produce fully reasoned detailed decisions, and/or litigate cartel cases before courts. For defendants, major benefits include a reduced fine, greater ability to reach an acceptable resolution in a defined time frame and the ability to avoid a lengthy, costly investigation and litigation that can distract management and generate negative publicity. The public should also benefit from settlements as competition authorities can use freed-up resources to investigate and prosecute additional cartels, which should ultimately increase deterrence.

EUの確約手続①

1. 制度

- 導入時期：2005年5月施行
- 確約手続（commitment procedure）とは、事業者が、欧州委員会の指摘する競争上の懸念を解消する措置を自主的に申し出て、その内容について欧州委員会が合意した場合に、約束した措置の実施を法的に義務づける行政処分（確約決定）を行うまでの一連の手続。
- 目的は、競争上の懸念を効率的かつ効果的に解消すること。
- 対象となる行為類型は、競争制限的協定・協調的行為及び市場支配的地位の濫用行為（EU競争法第101条及び第102条事件）。 ただし、制裁金を課すことが適当な事件は対象外であり、執行方針によりカルテル事件は明示的に対象外とされている。

2. 手続（基本的な流れ）

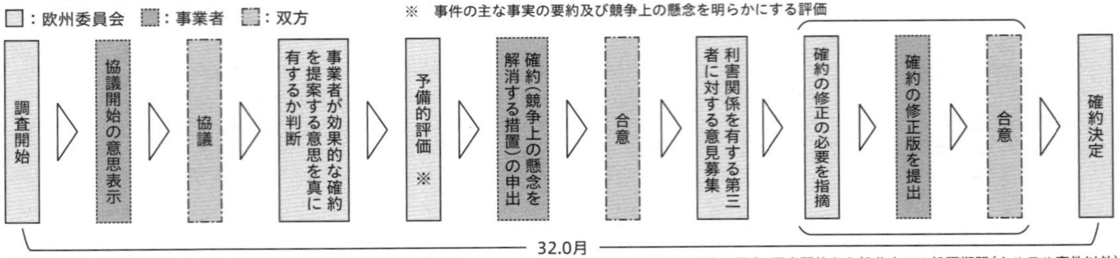

□：欧州委員会　□：事業者　□：双方

※　事件の主な事実の要約及び競争上の懸念を明らかにする評価

調査開始 ▷ 協議開始の意思表示 ▷ 協議 ▷ 事業者が効果的な確約を提案する意思を真に有するか判断 ▷ 予備的評価　※ ▷ 確約（競争上の懸念を解消する措置）の申出 ▷ 合意 ▷ 利害関係を有する第三者に対する意見募集 ▷ 確約の修正の必要を指摘 ▷ 確約の修正版を提出 ▷ 合意 ▷ 確約決定

32.0月

注：上記数値は、個別事案における平均処理期間（公正取引委員会調べ）。

<参考>通常の手続の場合、調査開始から処分までの処理期間（カルテル事件以外）は、平均45.4か月（公正取引委員会調べ）。

3. 効果等

- 通常の最終決定が違反行為を認定するのに対し、確約決定は違反行為が存在したか否か、又は存在するか否かについて判断せず（制裁金も課さず）審査を終結させる。
- 事業者が約束した措置を実施しない場合には、欧州委員会は、制裁金（前事業年度の売上高の10%以下）、又は履行強制金（1日当たり前事業年度の日割り売上高の5%以下）を課すことができる。
- ①決定の基礎となる事実に重大な変更が生じた場合、②事業者が約束に反する行為をした場合又は③確約決定が当事者が提供した不完全、不正確、又は誤解を与える情報に基づいていた場合、欧州委員会は調査を再開することができる。

EUの確約手続②

4. メリット

◆ 欧州委員会にとってのメリット：①競争上の懸念の効率的かつ効果的な解消（迅速かつ柔軟な是正措置）及びこれによるリソースの節約
②リソースを他の事件に投入することによる抑止力の向上と法執行全体の効率化
③訴訟回避

◆ 事業者にとってのメリット：①違反行為が認定されないこと
②制裁金の回避
③手続の迅速化によるリソースの節約
④私訴リスクの軽減

（出所）欧州委員会「Antitrust Manual of Procedures」（2012年3月）を基に公正取引委員会作成

5. 運用状況

◆ 確約手続が導入された2004年５月から2014年９月までの間に決定が採択された確約手続の対象となり得る事件56件のうち、35件が確約手続により処理されている。

（出所）内閣府大臣官房独占禁止法審査手続検討室調べ

6. 事件例

＜事件概要（2012年12月12日、2013年7月25日決定）＞

◆ 出版社５社（Penguin, Hachette, Harper Collins, Holtzbrinck/Macmillan, Simon & Schuster）とApple社が、契約形態を卸売モデルから代理店モデルへと移行させる合意をすることにより、価格決定権が出版社側に移り、電子書籍における競争を制限するおそれがあった事案

＜確約決定の主な内容＞

① 出版社とApple社の代理店契約を終了すること
② 出版社は、Apple社以外の小売業者との間で締結した、小売業者による電子書籍の小売価格設定等を制限する契約又は最恵国待遇条項（最安値での販売を保証させる条項）を含む契約を終了すること
③ 出版社は、２年間、小売業者の電子書籍の価格設定等の権限を制限しないこと
④ 出版社は、５年間、最恵国待遇条項を含む電子書籍の販売に関する契約を締結しないこと

EUの確約手続③

7. 評価

◆ 制裁金及びその他改善措置は欧州委によって課せられるものである一方、確約は事業者によって自主的に提示されるものである。これは、事業者側の協力的な姿勢をもたらすことを意味するので、私は常に望ましいことだと思っている。（中略）

反競争的慣行に関わったほとんどの事業者が、会社の利益及び評判を守る一番の解決策を望むことは、我々の経験から明らかとなっている。事業者が確約を提示すれば、当該事業者は、その誓約には相当のコストが伴う可能性はあるにしても、制裁金を支払うことはない。また、迅速に、ここが重要なのだが、法違反を犯したと正式に我々が判断する前に事件を終わらせることができるため、事業者は確約手続に進むことを選択する。事業者が不正行為を自認せずに確約を提示するほうが、制裁金を課されるよりも、正当であると説明することははるかに容易である。（中略）

我々が何件もの確約決定を採択する1つの理由は、確約が市場に最も利益をもたらすのであれば、我々もまた迅速に結論を下すことを好むからである。ハイテク産業や動きが速い市場等の特定の産業にとって、競争が迅速かつ効果的に回復することは非常に重要である。（中略）

我々は確約決定が、単一市場（Single Market）における良い競争環境を保つための素晴らしいツールであり、事業者にとって好ましい選択肢であると考えている。（2013年3月8日付けAlmunia欧州委副委員長（競争政策担当）スピーチ「Remedies, commitments and settlements in antitrust」より抜粋）

... fines and other remedies are imposed by the Commission; whereas commitments are offered voluntarily by the company. This means that commitments invite a cooperative attitude on the part of the companies, which I always regard as a good thing. ...

Our experience shows that most companies implicated in anti-competitive practices go for the solution that can best protect their interests and reputation. When companies offer commitments, they will not pay fines – although the pledges they take with us can cost them quite a bit. They choose this option also because they can close the case faster and – importantly – before we formally find that they have broken the law. Offering commitments without any acceptance of wrongdoing is much easier to justify than receiving a fine.

... Why do we take many article 9 decisions? One reason is that we too prefer to conclude cases swiftly when this brings the most benefits to the markets. In certain industries – such as high-tech and fast-moving markets – it is important that competition is restored quickly and effectively. ...

We have seen that article 9 decisions have been an excellent tool to keep good competitive conditions in the Single Market and that they are a favourite option among companies.

◆ 確約決定が、我々が調査している事業者にのみ利益をもたらすものではなく、反競争的行為に苦しむ事業者、納税者、消費者及び経済一般にとっても利益をもたらすものであることは明らかである、と私は考えている。確約決定には基本的に2つの重要な利点がある。すなわち、競争上の懸念に対し、事業者が妥当かつ個別の事案に応じた解決策を提示することができるという点と、そのような懸念が禁止決定よりも迅速に解決されるという点である。（2013年12月11日付けItalianer欧州委競争総局長スピーチ「To commit or not to commit, that is the question」より抜粋）

... I think it is clear that commitment decisions offer advantages not just to the businesses we are investigating, but also to market players who are suffering from anticompetitive behaviour, to tax payers, consumers and the economy in general. There are basically two key advantages to commitment decisions: First of all, they can offer sound, tailor made solutions to competition concerns. Second, such concerns can be solved more quickly using commitment decisions than prohibition decisions.

米国の同意判決①

1. 制度

- 同意判決（consent decree）とは、司法省（DOJ）反トラスト局が連邦裁判所に提起した民事訴訟において、原告（DOJ）と被告（事業者）があらかじめ判決の内容について合意し、その合意の内容に沿った判決を得て民事訴訟手続を終了させるもの。
- ①DOJとして、違法行為を迅速に是正させる必要性及び②事業者として、違法行為の存在を認められることなく、将来に向けて一定の措置を採ることを約束するにとどまるのであれば争わないという意向のバランスを取ろうとする制度である。
- 対象となる行為類型は、DOJの管轄に係る全ての行為類型（取引制限、独占化行為、価格差別、排他条件付取引、企業結合等）。ただし、刑事事件として取り扱われる明白かつ意図的な違反（カルテル事案）は対象外。

2. 手続（基本的な流れ）

□：DOJ　■：事業者　▨：双方　⬚：裁判所

審査開始 ▷ 訴訟提起（民事訴追） ▷ 同意判決の申出 ▷ 協議 ▷ 同意判決案を提出する旨の合意 ▷ 同意判決案を裁判所に提出 ▷ 一般からの意見募集 ▷ 意見募集の結果を裁判所に提出 ▷ 裁判所による判断 ▷ 同意判決

3. 効果等

- DOJによる審査は終結し、裁判所による違反行為の認定は行われない。また、事業者が判決に記載された事実や法違反を認めたこととはならない。
- 事業者が同意判決に基づく措置を履行しない場合には、法廷侮辱罪が適用され、罰金又は禁錮刑が科せられる。

米国の同意判決②

4. メリット

◆ DOJにとってのメリット　：①違反行為の迅速な是正
②リソースを他の事件に投入することによる抑止力の向上と法執行全体の効率化

◆ 事業者にとってのメリット：①違反行為が認定されないこと
②迅速な手続によるリソースの節約
③私訴リスクの軽減

（出所）渡邉肇「米国反トラスト法執行の実務と対策」（商事法務2009年）、小畑徳彦「競争当局と審査対象者の合意による事件解決制度」（日本経済法学会年報第34号）を基に公正取引委員会作成

5. 運用状況

◆ 過去数年のまとまった処理状況の数字は不明であるものの、民事訴追された事件の大半は同意判決によって処理されており、例えば、2012年に民事訴追された企業結合以外の事件７件のうち５件が、また、企業結合事件７件のうち４件が、同意判決により処理されている。

（出所）公正取引委員会調べ

6. 事件例

＜事件概要（2012年9月6日、2013年5月17日、8月12日判決）＞

◆ 出版社５社（Penguin, Hachette, Harper Collins, Holtzbrinck/Macmillan, Simon & Schuster）が、Apple社との間で契約形態を卸売モデルから代理店モデルへと移行させる合意をすることにより、価格決定権が出版社側に移り、電子書籍における競争を制限するおそれがあった事案

＜同意判決の主な内容＞

① 出版社は、提訴前にApple社との間で締結した電子書籍の販売に関する契約を終了すること

② 出版社は、Apple社以外の小売業者との間で締結した、小売業者による電子書籍の小売価格設定等を制限する契約又は最恵国待遇条項（最安値での販売を保証する条項）を含む契約を終了すること

③ 出版社は、２年間、小売業者の電子書籍の価格設定等の権限を制限しないこと

④ 出版社は、最恵国待遇条項を含む電子書籍の販売に関する契約を締結しないこと

米国の同意命令①

1. 制度

- 同意命令（consent order）とは、連邦取引委員会（FTC）の事件処理において、FTCと事業者があらかじめ命令の内容について合意し、その合意の内容に沿った命令を発出して事件を終結させるもの。
- 対象となる行為類型は、FTCの管轄に係る全ての行為類型（価格差別、排他条件付取引、企業結合、不公正な競争方法、不公正又は欺瞞的な行為又は慣行等）。カルテル事案は、DOJの管轄であり、対象外。

2. 手続（基本的な流れ）

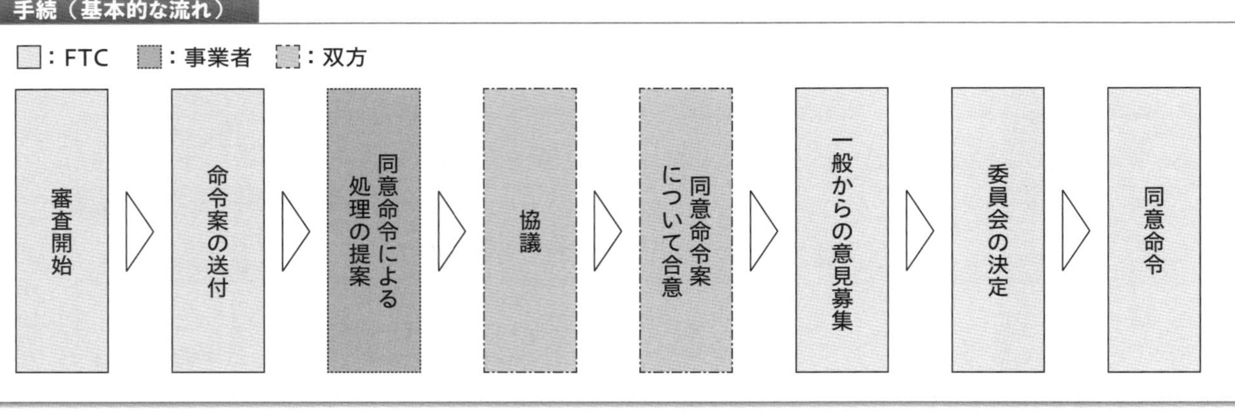

3. 効果等

- FTCによる審査は終結し、違反行為の認定は行われない。また、事業者が法違反を認めたことともならない。
- 事業者が同意命令に基づく措置を履行しない場合には、１日当たり１万６千ドル以下の制裁金が課される。

米国の同意命令②

4. メリット

◆　ＦＴＣにとってのメリット：①違反行為の迅速な是正
②リソースを他の事件に投入することによる抑止力の向上と法執行全体の効率化
③訴訟回避

◆　事業者にとってのメリット：①違反行為が認定されないこと
②迅速な手続によるリソースの節約
③私訴リスクの軽減

（出所）Feinstein競争局長（FTC）スピーチ「The Significance of Consent Order in the Federal Trade Commission' s Competition Enforcement Efforts」（2013年9月）、小畑徳彦「競争当局と審査対象者の合意による事件解決制度」（日本経済法学会年報第34号）を基に公正取引委員会作成

5. 運用状況

◆　2004年度から2013年度までの間に執行された企業結合以外の事件46件のうち38件が、また、企業結合事件195件のうち122件が、同意命令により処理されている。

（出所）公正取引委員会調べ

6. 事件例

<事件概要（2013年1月4日公表）>

◆　Google社が、①Motorola　Mobility社の買収により取得したスマートフォンなどの人気の高い機器を製造する際に必要不可欠な標準技術に関する特許を不正に使用した疑いがあり、また、②「AdWords」の利用者（広告主）と排他的な契約を締結していた事案

※　「AdWords」とは、広告主が設定したキーワードが Google で検索されると、検索結果ページに広告主の広告が表示されるサービス。

<同意命令の主な内容>

①　上記特許について、公正、合理的かつ非差別的な条件で競争事業者にライセンスすることとし、当該条件に基づきライセンスした標準必須特許の使用を阻むために、裁判所又は米国国際貿易委員会（ITC）に差止請求を行わないこと

②　「AdWords」の利用者（広告主）が、他社の広告サービスを利用できるように、他社の広告サービスに係る「AdWords」の利用制限を解除すること

（第5回会合資料2－4及び第12回会合資料1を編集）

海外の競争当局及び日本国内の他省庁における、手続に関する事項のウェブサイト上での掲載状況

海外の競争当局

○ EU（欧州委員会）

欧州委員会のウェブサイトでは、審査手続マニュアル（「Antitrust Manual of Procedures」）、検査通知書の様式（「Sample inspection authorisation」）等が掲載されている。
（URL）
http://ec.europa.eu/competition/antitrust/antitrust_manproc_3_2012_en.pdf
http://ec.europa.eu/competition/antitrust/legislation/inspection_authorisation.pdf

○ 米国（司法省）

司法省のウェブサイトでは、捜査手続に関するマニュアル（「Antitrust Division Manual」Chapter Ⅲ. Investigation and Case Development）が掲載されている。
（URL）
http://www.justice.gov/atr/public/divisionmanual/atrdivman.pdf

日本国内の他省庁

○ 金融庁

金融庁のウェブサイトでは、「預金等受入金融機関に係る検査マニュアル」等が掲載されている。
（URL）
http://www.fsa.go.jp/common/law/

○ 証券取引等監視委員会

証券取引等監視委員会のウェブサイトでは、「取引調査に関する基本指針」等が掲載されている。
（URL）
http://www.fsa.go.jp/sesc/news/c_2014/2014/20140401-1/01.pdf

○ 国税庁

国税庁のウェブサイトでは、「調査手続の実施に当たっての基本的な考え方等について（事務運営指針）」等が掲載されている。
（URL）
https://www.nta.go.jp/shiraberu/zeiho-kaishaku/jimu-unei/sonota/120912/index.htm

（内閣府大臣官房独占禁止法審査手続検討室において作成）

「独占禁止法審査手続に関する論点整理」に対して寄せられた意見・情報（概要）

第６回独占禁止法審査手続についての懇談会（平成 26 年 5 月 30 日開催）において整理した今後懇談会として検討すべき事項を「論点整理」として公表し、6 月 12 日から 7 月 11 日までの 30 日間にわたって意見募集を実施した結果、**計 72 通**の意見・情報が寄せられた。

【内訳（個々の名称は受付順に記載、敬称略）】

○経済団体・個別事業者　30 通（団体・団体連名 14、個別事業者 16）

＜団体・団体連名＞群馬県中小企業団体中央会、関西経済連合会、日本経済団体連合会、日本商工会議所・東京商工会議所、中部経済連合会、全国段ボール工業組合連合会、新潟市ハイヤータクシー協会、経済同友会、全国中小企業団体中央会、電子情報技術産業協会、経営法友会、和歌山県中小企業団体中央会、在日米国商工会議所、提出者名非公開 1

＜個別事業者＞㈱トーシンパッケージ、大一コンテナー㈱、旭紙業㈱、コバシ㈱、レンゴー㈱、サムスン電子ジャパン㈱・日本サムスン㈱・サムスン電機ジャパン㈱・サムスン Cheil Industries ジャパン㈱、提出者名非公開 10

○学識経験者　7 通

＜学識経験者＞根岸哲（甲南大学）、厚谷襄児（北海道大学名誉教授）、横田直和（関西大学法学部教授）、副田将之（大阪市立大学大学院）、伊従寛（競争法研究協会会長）、鈴木恭蔵（東海大学法科大学院教授）、小畑徳彦（流通科学大学商学部教授）

○弁護士団体・弁護士　26 通（団体 8、弁護士事務所 7、弁護士事務所・個人連名 1、個人・個人連名 10）

＜団体＞横浜弁護士会独占禁止法研究会、フランス全国弁護士会、全米法曹協会の国際部会及び反トラスト法部会、競争法フォーラム、欧州弁護士会評議会、国際法曹協会訴訟委員会、カナダ・ローソサエティ連合会、日本組織内弁護士協会

＜弁護士事務所＞ジェナー＆ブロック法律事務所、岩田合同法律事務所、渥美坂井法律事務所・外国法共同事業、森・濱田松本法律事務所、アレン・アンド・オーヴェリーＬＬＰグローバル独占禁止法チーム、フレッシュフィールズブルックハウスデリンガー法律事務所、ホーガン・ロヴェルズ法律事務所外国法共同事業

＜弁護士事務所・個人連名＞ホワイト＆ケース法律事務所・田村次朗（慶應義塾大学教授・弁護士）

＜個人・個人連名＞野中高広（西川シドリーオースティン法律事務所・外国法共同事業）、川合弘造・中島和穂（西村あさひ法律事務所）、出井直樹（小島国際法律事務所）、市川充（東京）・岩本安昭（大阪）・大貫裕仁（第二東京）・片山達（第二東京）・坂田均（京都）・苗村博子（大阪）・成瀬裕（福岡県）・向宣明（第一東京）・本多広高（東京）・矢吹公敏（東京）・矢部耕

三（第一東京）・山本晋平（第二東京）・渡邉新矢（第二東京）、シティユーワ法律事務所有志一同、島津圭吾（R&G 横浜法律事務所）、向宣明（桃尾・松尾・難波法律事務所）、江崎滋恒・中野雄介・バシリ　ムシス・原悦子・青柳良則・田中勇気・矢上浄子・大内麻子（アンダーソン・毛利・友常法律事務所）、フレデリック　ルイ・杉本武重（ウィルマーヘイル法律事務所ブリュッセルオフィス）、中嶋弘（太平洋法律事務所）

○消費者関係団体・個人　2通（団体1、個人1）

＜団体＞全国消費者団体連絡会

＜個人＞土田あつ子（日本消費生活アドバイザー・コンサルタント協会消費生活研究所）

○その他個人　7通

小森谷和信、高橋武秀、提出者名非公表5

○参考（期限後に提出されたもの）

オーストラリア弁護士連合会、日本弁護士連合会

【パブコメに寄せられた主な意見】

（各意見末尾の【 】内の数字は、内閣府大臣官房独占禁止法審査手続検討室において集計した、同趣旨の意見の数を表している。）

2．基本的な考え方

（1）事件関係人の十分な防御の確保

- **公取委による独占禁止法の執行力強化に応じた防御権が確保されるべき。【19】**

  （近年の独占禁止法改正により、課徴金減免制度の導入、課徴金制度の拡充、犯則調査権限の導入等、公取委の調査権限及び法執行機能は大幅に強化されてきたが、一方、事業者側の防御権については、十分な充実が図られていない。）

- **審査手続において不利益な処分を受ける可能性のある事件関係人の適正な防御権を確保することは、適正手続の保障の観点から検討されるべき。**
- **改正法附則の趣旨は、防御権の導入を前提とし、どのような内容の防御権とすべきかを検討することにある。**
- **防御権とは、①不当な調査・取調べがなされないようにする権利、②違反事実の認定に当たって裏付けとなる証拠を開示され反論の機会を与えられる権利である。**
- **適正手続の保障のない競争法の下で事業者が重い制裁を受けることは不当かつ不公平であると捉えられ、社会全体での競争法の受容を妨げてしまう。**
- **防御権がどのような問題を解決するために必要なのか、そのような問題は存在するのか、問題の解決策として本当に有効か等の観点から、まずは必要性を個別に検討しなければならない。**
- **真実を明らかにすることに資するのか、支障となるか、より支障の小さい別の方策はないのか等の観点から、論点に上げられている防御権を導入した場合の影響についても個々に慎重に検討されるべき。**

（2）実態解明機能の確保

- **実態解明機能の確保は、事件関係人の十分な防御権を確保した適正手続を前提として追求されるべき。【5】**
- **防御権と実態解明機能は相反する概念ではなく、むしろ被調査者の防御権を確保し適正手続を確保することは、実態解明に資する。【5】**
- **海外の当局の調査手法との違いに鑑みると、公取委による案件処理の効率化や実態解明機能の強化を図るためには、事業者が公取委の調査に協力しやすい体制の整備が必要。【5】**

  （独占禁止法の適切な運用と適用を実現するには実態解明機能の確保が重要。実態解明機能強化の一つの方法として、現行の課徴金制度に裁量制を導入し、審査に協力した事業者の協力度合いを反映する制度にすべき。）

- **国際的なイコールフッティングを求めるのであれば、少なくとも競争当局による調査の非協力に対する制裁とセットでなければならない。**
- **供述証拠に頼った立証方法を見直す必要がある。【4】**

  （競争制限効果は客観的なものであり、立証において供述証拠に頼る必要はないところ、供述証拠に頼った立証活動を維持するために、事件関係人に認められるべき防御権を犠牲にすべきではない。）

（３）国内の他の行政調査手続及び刑事手続との整合性

- **公取委の審査手続の特殊性に鑑みると、刑事手続及び他の行政手続との整合性は過度に強調されるべきではない。【7】**
  （独占禁止法は、課徴金減免制度を他の手続に先んじて導入したほか、執行力強化の面で特殊性があり、他の手続にはない保障を他の手続との整合性を理由に一概に否定することは妥当ではない。）
- **公取委には、行政調査において刑事手続における身体拘束による取調べに匹敵する権限が与えられていることから、弁護士立会いなどの他の制度にない手続を導入することは、手続間の実質的な整合性を確保するためにむしろ必要なことである。**
- **他の行政調査手続に定められていないとの理由で、事件関係人の防御権確保が何ら前進しないようなことがあってはならない。**
- **刑事手続、行政手続との整合性が図られるべきである。【3】**
- **それぞれの行政手続には、それぞれ対象とする事案の特徴に応じて異なる部分もあるものの、論点にあるような防御権が導入されていないことで、独占禁止法の手続が整合性を欠いている現状にあるとは思われない。**
- **刑事手続でも保障されていないような防御権を、刑事手続の逮捕、勾留のような強い権限もない独占禁止法に導入することは、実質的に法執行が機能しなくなることが懸念され、行うべきではない。**
- **刑事手続においても検討されていない弁護士の立会いを求めるのであれば、特段の理由・根拠を明確にすべきである。**
- **国際的なカルテル案件や企業結合案件のように世界各国の当局が同一案件を同時に調査する手続は他の法律では珍しく、その意味で独占禁止法以外の行政調査手続と同様の考え方で対応することは適切ではない。**

（４）海外の制度・仕組みや実務との比較

- **欧米諸国で認められているような、国際水準に適う適正手続が十分に確保されるべき。【16】**
  （国境をまたいだ経済活動が当たり前になっているところ、公取委だけでなく外国の競争当局も審査を実施する事例が増えている。しかし、外国の審査手続において保障されている事項が日本の審査手続において保障されていない結果、日本で活動する事業者のみが不利益を被ったり、外国会社への調査への協力が得られないなどの不都合が生じている。）
- **他国の制度の一部だけを比較し、防御権のみを強化しようとすることは、公正さを欠き、意味のないものである。【2】**
  （他国との比較において、それらの国の法制度全体及び証拠評価、立証水準、事実認定等を含む制度の運用実態から判断されるべきものである。）
- **海外の防御権のみを導入すると、実質的に法執行が機能しなくなることが懸念される。**

（５）行政調査手続の適正性及び透明性の確保

- **適正性及び透明性が確保されるべき。【2】**
- **競争ルールの周知・教育・啓発について検討されるべき。**

3．論点

（1）立入検査時の弁護士の立会い

- **弁護士の到着まで立入検査の開始を待つべき。【24】**

  弁護士が到着するまでに証拠隠滅が行われるとの指摘があるが、そのような例外的事態に対しては、別途制裁が用意されており、そちらで対応すべき問題である。

- **弁護士の到着まで立入検査の開始を待つ必要はない。【7】**

  EU でも弁護士の到着を待たずに立入検査が行われている。待つのは弁護士と連絡を取るための最小限の時間だけである。

  弁護士の到着を待って立入検査を着手するとした場合、証拠の隠滅が図られるおそれが高く、実態解明にはほど遠いものになると思われる。

- **告知義務に関する規定を設けるべき。【19】**

  事件関係人の中には、弁護士の立会いが認められることを知らない者も多くいるため、現実には弁護士の立会いを得ないままに立入検査を受ける事業者が多数を占める。

（2）弁護士・依頼者間秘匿特権

- **認めるべき。【41】**

  外国で秘匿特権の対象となる文書であっても、公取委に提出されると、外国において秘匿特権が放棄されたとみなされるおそれがある。米国では、他国における資料の提出の問題について国際礼譲の観点から検討されている事例があるものの、上級審の先例を欠き、礼譲による分析の性質が裁量的であることから、必ずしも秘匿特権として保護されるかは不確かなものとなっている。

  弁護士との交信が保護されることにより、企業のコンプライアンスの強化、事前の相談による違反行為の減少や当局への違反申告を促す効果がある。

  公取委の相談窓口においても「秘密厳守」が強調されていることからも分かるとおり、およそ外部に相談内容が漏洩し、自己に不利に使われる可能性のあるところで、相談者は真実の相談はできない。

  欧州人権裁判所は、依頼者と弁護士の間の通信を差し押さえることは民主社会の法が保障する最低限のプライバシーの権利を侵害するものである、と判示している。

- **秘匿特権による秘密保護の範囲の明確化、秘匿特権の及ぶ範囲について事件関係人と公取委の間で見解の相違がある場合にこれを判定する仕組み、組織内弁護士や外国法曹等との間の協議・通信をどう考えるか等について検討すべき。**
- **欧州委員会は「ベストプラクティス」を公表して保護の対象範囲及び権利主張手続を示し、事業者が保護対象範囲や手続について具体的に理解した上で権利行使を行うことができるよう措置することで、手続の誤解等に基づく権利濫用行為が生じることを未然に防いでいる。**
- **秘匿特権の範囲を厳格に限定しかつ明確化すべきであり、秘匿特権の対象となる事項をマスキングすることによって、他の記載が秘匿されないよう制度設計すべき。**

・　**認めるべきでない。【2】**

（秘匿特権の名目で秘匿特権とは関係のない資料の提出拒否が行われる等の弊害が考えられる。）

・　**独占禁止法に特有の問題ではなく、刑事諸法、行政調査諸法に関わるものであるから、独占禁止法に特段の事情がない限り総合的に検討すべき。**

（３）供述聴取時の弁護士の立会い

・　**認めるべき。【40】**

（供述の任意性・信用性を確保するためには、自らの供述がどのような法的効果を持つか理解した上で、真に同人の供述が証拠化される状況が確保されることが重要である。弁護士が立ち会うことの一番の意義は、不当な供述聴取に対する時宜に応じた防御を行うことである。）

（弁護士が立ち会うことにより、供述の任意性・信用性がその後の手続において争点となることは有り得ず、効率的な法執行にとっても有意義であるほか、事件関係人は、自己の防御権が確保されていることについて安心を得て、公取委に対して協力的な態度を取ることが可能であり、実態解明につながる。）

・　**認めるべきでない。【5】**

（供述聴取は身体を拘束せず、昼食のための休憩時間は与えられ、外出も認められ、夕方までの間に行われ帰宅させる方法が採られており、警察・検察の取調べに比べてはるかに穏当である。そのような事情にもかかわらず弁護士を立ち会わせることは、事業者からの圧力を感じて真実を供述できなくしたり、弁護士が供述を知ることで他の従業員との間で口裏合わせを行うことにもなりかねず、実態解明機能に支障を来たすものである。）

（弁護士を同席させることができるのは大企業の一部であり、中小企業が弁護士を同席させることができないのであれば、大企業と中小企業を差別化するものである。）

・　**供述者個人の弁護士を立ち会わせ、供述内容が会社に知られないようにすべき。**

・　**他の制度と比較してなぜ独占禁止法審査手続においてのみこれを認める必要があるかを慎重に検討すべきであり、仮に認める場合でも会社と無関係の弁護士であることを条件とすべき。**

（４）供述聴取過程の検証可能性の確保

・　**認めるべき。【29】**

（供述の任意性・信用性が問題となるのは、密室において供述聴取が行われているからであり、第三者が検証しようとしても決定的な証拠が欠けるためである。供述聴取過程の録音・録画は、これを容易に解決できる手段の一つであるから即時に採用されるべき。）

・　**認めるべきでない。【3】**

（関係事業者からの圧力により真実を供述させなくしたり、他の従業員との間で口裏を合わせることになりかねない。）

（5）適切な主張反論のための情報の開示

- **立入検査時の資料の謄写を権利として認めるべき。【22】**

  リニエンシー申請のためには、公取委が把握していない事実の報告又は資料の提出が求められているところ、公取委がいかなる事実を把握しているのかを知らなければリニエンシー申請を行うことは不可能となる。また、日常業務に使用する書類も含まれているため、即時に謄写できなければ業務運営に著しい支障が生じる。

- **現在の求めがあればおおむね謄写が認められている。謄写しにくい事情があれば、謄写しやすくする方法を検討すべき。**
- **供述調書の写しの交付を認めるべき。【30】**

  作成名義人が供述調書の写しを保有することは、むしろ当然のことである。
  誤り等があれば適時に修正する機会が保障されることになり、実態解明のために好ましいといえるほか、意見聴取手続において的確な証拠を提出することができるようにするため十分な検討時間を与えるためにも重要である。

- **従業員が自身への社内処分を恐れて萎縮し事業者に不利益な供述をしなくなることについては、雇用関係を規律する労働法に委ねられるべき領域の問題である。**
- **供述聴取時のメモの録取を認めるべき。【29】**

  任意で行われる供述聴取において、メモの録取が禁じられるのは不合理である。
  単に防御権を確保するだけではなく、誤りや不適切な点等があれば適時に是正することができるという意味で実態解明に資するものである。

- **認めるべきでない。【5】**

  供述調書の写しの交付も供述聴取時のメモの録取も、必要性が明確ではなく、かえって関係事業者に供述内容を監視する機能を持たせ、従業員が自由に真実を供述する妨げになるおそれが強い。

（6）行政調査に係る制度・運用についての知識の共有等

- **公取委の審査手続に関するマニュアルを公表すべき。【14】**

  事業者が公取委による審査手続を十分に理解することができれば、審査手続の透明性が高まるだけでなく、事業者による審査への協力が促進され、事業者における独占禁止法のコンプライアンスの強化にもつながるものと考える。

  法改正が難しい項目について、運用として対応することをマニュアルで確保することも検討の価値がある。

- **行政調査手続の制度・運用の知識の共有を図るため、講習会を実施すべき。【3】**
- **立入検査時の法的根拠と受忍限度の範囲の提示を徹底すべき。【12】**
- **公取委のストーリーをなぞったような調書が作成されており、公取委が希望する調書に署名しなければ何度でも呼び出されるという聴取は不適切である。【5】**
- **供述聴取は長時間・長期にわたり負担が大きいので、負担の少ない手続に改善されるべき。【4】**
- **供述聴取において、弁護士に相談できる権利が明文上認められるべき。【6】**

- **不当な調査は行われていないとする公取委の見解は事実に反するとの指摘がある。**

  （「指紋を取られ、『犯罪者扱いのようだ』というと『そのとおりだ』と言われた」「立入検査の時期について連絡がないのに、立入りと同時にマスコミが押し寄せて報道され、弁明する機会が与えられないことは問題である」等）

- **行政手続においても刑事手続に準じて黙秘権、自己負罪拒否特権を認めるべき。【7】**
- **取調べで冤罪や人権侵害が行われているとは考えにくく、供述人の不安感を軽減するため、休憩時間を適切に確保し勤務時間内で終了するなどの手続の透明化を検討すれば足りる。**
- **供述聴取が長時間にわたる、供述の訂正・修正を求めても供述人の言うとおりに訂正・修正してくれないなどの審査官の供述聴取に対する不満は、審査官の教育・訓練によりおおむね是正できる。**

（第８回会合資料１－１を編集）

独占禁止法審査手続についての懇談会の開催状況

回	開催月日	会議次第（概要）
第１回	平成26年 ２月28日（金）	①懇談会の運営、進め方について ②独占禁止法と審査手続の概要の説明（公正取引委員会）
第２回	３月27日（木）	①日本経済団体連合会からのヒアリング ②全国中小企業団体中央会からのヒアリング ③在日米国商工会議所からのヒアリング
第３回	４月11日（金）	①多田敏明弁護士からのヒアリング ②バシリ・ムシス弁護士からのヒアリング ③志田至朗弁護士からのヒアリング
第４回	４月23日（水）	①長澤哲也弁護士からのヒアリング ②証券取引等監視委員会からのヒアリング ③国税庁からのヒアリング ④法務省からのヒアリング
第５回	５月14日（水）	公正取引委員会からのヒアリング
第６回	５月30日（金）	論点整理のための自由討議
第７回	７月18日（金）	①論点整理に対して寄せられた意見・情報の概要について ②今後の検討の進め方について ③論点に関する検討（自由討議）（立入検査に関連する論点について）
第８回	７月30日（水）	論点に関する検討（自由討議）②（供述聴取に関連する論点について）
第９回	９月 ２日（火）	論点に関する検討（自由討議）③（弁護士・依頼者間秘匿特権について）
第10回	９月18日（木）	論点に関する検討（自由討議）④（供述聴取に関連する論点と調査権限の強化について）
第11回	10月15日（水）	論点に関する検討（自由討議）⑤（弁護士・依頼者間秘匿特権について）
第12回	10月31日（金）	論点に関する検討（自由討議）⑥（論点についての議論の整理）
第13回	11月19日（水）	報告書素案に係る討議
第14回	12月24日（水）	報告書の取りまとめ

独占禁止法審査手続についての懇談会の開催について（抄）

平成２６年２月１２日
内閣府特命担当大臣決定

１．趣旨

私的独占の禁止及び公正取引の確保に関する法律の一部を改正する法律（平成２５年法律第１００号）の附則の規定に鑑み、公正取引委員会が事件について必要な調査を行う手続について、我が国における他の行政手続との整合性を確保しつつ、事件関係人が十分な防御を行うことを確保する観点から必要な検討を行うため、内閣府特命担当大臣が高い識見を有する人々の参集を求め、意見を聴くことを目的として、独占禁止法審査手続についての懇談会（以下「懇談会」という。）を開催する。

２．構成員

（１）懇談会は、別紙（略）に掲げる有識者により構成し、内閣府特命担当大臣が開催する。
（２）内閣府特命担当大臣は、有識者の中から懇談会の座長を依頼する。
（３）懇談会は、必要に応じ、関係者の出席を求めることができる。

３．懇談会における議事の公表

座長は、懇談会の終了後、速やかに、当該懇談会の議事要旨を作成し、これを公表する。また、一定期間を経過した後に、当該懇談会の議事録を作成し、これを公表する。

４．庶務

懇談会の庶務は、独占禁止法審査手続検討室において処理する。

５．その他

前各項に定めるもののほか、懇談会の運営に関する事項その他必要な事項は、座長が定める。

（第１回会合資料１を編集）

●事項索引

逐条解説　平成 28 年改正独占禁止法
——確約手続の導入

2019年6月15日　初版第1刷発行

編著者　小室尚彦
　　　　中里　浩

発行者　小宮慶太

発行所　株式会社 商事法務
〒103-0025 東京都中央区日本橋茅場町3-9-10
TEL 03-5614-5643・FAX 03-3664-8844〔営業部〕
TEL 03-5614-5649〔書籍出版部〕
https://www.shojihomu.co.jp/

落丁・乱丁本はお取り替えいたします。　印刷／三報社印刷㈱

Printed in Japan

ISBN978-4-7857-2722-2
＊定価はカバーに表示してあります。